I
NICHTRAUCHER
5

Jürgen Schug

Wuppertal

Die Stadt, das Tal und die Menschen

mit einem Vorwort von Dr. Sonja Wolf

Emons

Gestaltung:
Hans Schlimbach AGD, Köln
Lithographie, Druck und Weiterverarbeitung:
Grafisches Centrum Cuno GmbH & Co. KG, Calbe

Printed in Germany 2002
2. Auflage 2005
ISBN 3-89705-264-4

Bibliografische Information
der Deutschen Bibliothek
Die Deutsche Bibliothek verzeichnet diese
Publikation in der Deutschen Nationalbibliografie;
detaillierte bibliografische Daten sind im Internet über
http://dnb.ddb.de abrufbar.

Inhalt

Wuppertaler Stadtwappen
auf dem Bismarckturm

Vorwort

Der Fotograf Jürgen Schug porträtierte in seinen Büchern Orte wie Venedig, die Stadt des weltberühmten Karnevals, und Santorin, die Insel, die schon im antiken Griechenland als »die Schönste« im Mittelmeer bezeichnet wurde – und nun ein Bildband über Wuppertal? Kann es die Stadt der Schwebebahn, deren Charme sich nicht gleich auf den ersten Blick offenbart, mit diesen Motiven aufnehmen?

Ganz und gar – Wuppertal, die Heimatstadt des Fotografen, nimmt für ihn einen ähnlich hohen Stellenwert ein wie Venedig oder Santorin. Großstadtflair und dörfliche Idylle gehen an diesem Ort eine besondere Verbindung ein; Wuppertal steckt voller Überraschungen. Die vielen reizvollen Motive reifen in der Umsetzung Jürgen Schugs zu ästhetischen Fotografien. Die Bilder bringen Einheimischen und Fremden diese Stadt in all ihren Facetten auf eindrucksvolle Weise näher.

Es sind nicht nur die Highlights der Stadtansichten, die den Fotografen interessieren, es sind ebenso die Menschen Wuppertals. Der Bogen der dargestellten Personen und Persönlichkeiten spannt sich von den Mitgliedern traditioneller Gruppen wie den »Langerfelder Garnbleichern« oder den »Wuppertaler Originalen« über Pina Bausch und das »Tanztheater Wuppertal« bis hin zu Bildhauer Tony Cragg und Bundespräsident Johannes Rau. Auch der Filmregisseur Tom Tykwer ist seiner Heimatstadt verbunden geblieben: Als Kulisse für einen seiner Filme hat er ihr ein würdiges Denkmal gesetzt.

Doch was wäre Wuppertal ohne die Schwebebahn? Das weltweit einzigartige Verkehrsmittel ist von Kaiser Wilhelm II. im Jahr 1900 persönlich probegefahren worden und konnte kürzlich sein 100-jähriges Jubiläum feiern. Zurzeit steht Wuppertals Wahrzeichen aufgrund der spektakulären Umbaumaßnahmen im Zentrum der Aufmerksamkeit. Dieser Jahrhundertausbau wird durch Jürgen Schugs Fotografie eindrucksvoll dokumentiert.

Seine Bilder greifen auch andere Themen auf: Handwerkliche Traditionen wie das Garnbleichen und industrielle Techniken wie die Bandweberei rücken ebenfalls in den Blick des Fotografen. In diesem Zusammenhang treffen wir auf den Barmer Fabrikantensohn Friedrich Engels, Karl Marx' berühmten Weggefährten, der als gebürtiger Wuppertaler von der frühen Industrialisierung der Region entscheidend geprägt wurde.

Schugs Fotografien fangen das kulturelle Leben der Stadt, ihre Feste und Bräuche, ebenso ein wie landschaftliche Impressionen und jahreszeitliche Stimmungen. Abgerundet wird der Bildband durch einen besonderen Augenschmaus: Farbenprächtige Illuminationen verwandelten die Stadt jüngst in ein traumhaftes Lichtermeer. Dem Leser und Betrachter steht nun eine außergewöhnliche Reise durch Wuppertal bevor.

Dr. Sonja Wolf
Historikerin und Klassische Philologin

Einleitung

»Ich bin verliebt in meine Stadt«, so schwärmte einst die Dichterin Else Lasker-Schüler (1869–1945), die berühmte Tochter Wuppertals, über ihre Geburtsstadt.

Zu Beginn des 21. Jahrhunderts weisen zahlreiche Jubiläen auf über 100-jährige Traditionen hin, die den Wuppertalern über die lange Zeit hinweg lieb geworden sind. Else Lasker-Schülers Worte dürften immer noch vielen aus dem Herzen sprechen.

Jubiläen:
100 Jahre Von der Heydt-Museum (2002)
100 Jahre Schwebebahn (2001)
120 Jahre Wuppertaler Zoo (2001)
150 Jahre August von der Heydt (2001)
100 Jahre Stadthalle (2000)
100 Jahre Haus der Jugend (2000)
950 Jahre Cronenberg (2000)

Willkommen in der Schwebebahnstadt Wuppertal!

Schwebebahnstation »Ohligsmühle« bei Nacht

Denkmal für **Else Lasker-Schüler**

Die Schwebebahn

Das Wahrzeichen Wuppertals

Die Schwebebahn ist das Wahrzeichen Wuppertals und der Wuppertaler liebstes Kind. Jeden Tag schweben über 70.000 Fahrgäste auf der 13,3 Kilometer langen Strecke: zur Arbeit, zur Schule oder einfach nur zum Vergnügen. Aus aller Welt kommen die Besucher nach Wuppertal, um eine Fahrt mit der berühmten Bahn zu erleben. Sie fährt seit über einem Jahrhundert als »Hochbahn mit freischwebend aufgehängten Personenwagen« durch die Stadt und größtenteils über die Wupper. Dem staunenden Betrachter flößt sie mitunter gewaltigen Respekt ein, wenn sie sich »wie ein stahlharter Drachen mit vielen Bahnhofsköpfen und sprühenden Augen über den Fluß legt und wendet« – so beschrieb es einst Wuppertals große Dichterin Else Lasker-Schüler.

Der »Tausendfüßler«, wie das imposante Stahlgerüst aus Hunderten von Stützen und Brücken auch genannt wird, wurde in den Jahren 1898 bis 1903 gebaut, um das enge Tal der Wupper zu überbrücken und die damals noch selbstständigen Städte Elberfeld und Barmen zu verbinden. 100 Jahre später befördern zahlreiche Gelenktriebwagen und ein Oldtimer, der berühmte Kaiserwagen, die jährlich rund 30 Millionen Fahrgäste von einem der 20 Schwebebahnhöfe zum anderen. In acht Metern Höhe über der Straße und bis zu zwölf Meter über dem Fluss bieten sich stets neue Ausblicke auf Wuppertal und die Straßenfluchten der verschiedenen Stadtteile.

Dreißig Minuten dauert die Fahrt auf der gesamten Strecke, vom Endbahnhof »Vohwinkel« im Westen der Stadt bis zur Endhaltestelle »Oberbarmen« im Osten. Sie führt vorbei an grünen Hügeln und entlang schöner Stuckfassaden. Der Blick aus dem Fenster auf die historischen Hinterhöfe lässt den Besucher für einen Moment in die Atmosphäre vergangener Zeiten eintauchen, als die Industrialisierung die Stadt bestimmte. Wuppertal, die Metropole des Bergischen Landes, versteckt sich nicht. Heinrich Böll verglich die Stadt einmal mit einer Frau, die sich nicht schminkt – und die sich dies leisten kann.

Die Wuppertaler Schwebebahn hinterlässt bei jedem Besucher einen nachhaltigen Eindruck. »Das ist ja ein Engel«, kommentierte sie zum Beispiel der französische Regisseur und Schriftsteller Jean Cocteau. Das wundersame Schweben ergibt sich dadurch, dass die Wagen nicht auf den Schienen fahren, sondern an einer Schiene hängen. Auch wenn es inzwischen mehrere Generationen von Wagen gab: Die modernen Fahrzeuge fahren noch immer nach dem »System Eugen Langen«, das nach seinem bedeutenden Erfinder benannt wurde. Am Prinzip der einschienigen Hängebahn, für die man sich vor über 100 Jahren entschied, hat sich bis heute nichts geändert.

Unter dem »Tausendfüßler« Schwebebahn späht der Fischreiher in der Wupper nach Beute.

»Einmal im Leben durch Wuppertal schweben«, so lautet ein bekannter Werbeslogan der Stadt. Mit steigender Tendenz nutzen die Wuppertaler das immer noch sicherste Verkehrsmittel der Welt, um sich in der lebhaften Stadt bei einer durchschnittlichen Reisegeschwindigkeit von 26,6 Kilometern pro Stunde staufrei fortzubewegen. Aber nicht nur die Anzahl der Fahrgäste, sondern auch das Tempo der Bahn steigt rapide. So behauptet die Schwebebahn weiterhin ihren Vorteil gegenüber den anderen Verkehrsmitteln, da sie »über den Dingen schwebt«.

Besonders stolz ist die Stadt darauf, einen fahrtüchtigen Oldtimer in Betrieb zu haben: den Kaiserwagen, mit dem schon Kaiser Wilhelm II. über die Wupper schwebte. Am 24. Oktober des Jahres 1900 stiegen der Deutsche Kaiser und seine Gemahlin Auguste Victoria zu einer Probefahrt in den »Wagen Nr. 5«. Damals befand sich die Strecke zum Teil noch im Bau. Der zwischenzeitlich stilecht renovierte rote Kaiserwagen mit Plüschsitzen und Jugendstildekor wird mit Recht als Wuppertals schwebende »gute Stube« bezeichnet. Er steht regelmäßig für nostalgische Fahrten bereit, auf denen es nach Bestellung kleine bergische Spezialitäten für die Fahrgäste gibt: Kottenbutter oder Rosinenstuten zum Beispiel. Für Hochzeitsfeiern und andere Feste bietet er ein höchst kaiserliches Ambiente.

100
01

Die »gute Stube« Wuppertals
Bernd Wüsten steuert den Kaiserwagen am Jubiläumstag, dem 1.3.2001. Freundliche Hostessen begleiten die schwebenden Stadtrundfahrten.

Im Jahr 2001 feierte die Stadt Wuppertal das 100-jährige Jubiläum ihrer Schwebebahn, denn am 1. März 1901 war die Strecke zwischen den Haltestellen »Kluse« und »Zoo« für den öffentlichen Fahrgastverkehr freigegeben worden. Dies galt als das offizielle Eröffnungsdatum, obwohl der Bau der restlichen Strecke bis Rittershausen (Oberbarmen) erst 1903 beendet wurde.

Zu diesem runden Geburtstag wurde der historische Kaiserwagen besonders herausgeputzt. Festlich geschmückt machte er im Schwebebahn-Hauptbahnhof »Döppersberg« für zahlreiche Ehrengäste Halt. In historischen Uniformen und Kostümen aus den Anfangsjahren der Bahn erinnerte das Personal an die »gute alte Zeit« der Schwebebahn. Für den Fahrer war es eine Ehre, den Kaiserwagen an diesem Jubiläumstag steuern zu dürfen. Wie üblich musste er sich auf die besonderen Bedingungen des historischen Gefährts einstellen: So wird zum Beispiel die Bremse noch über Luftdruck betrieben und die Hebel sind nur mit großem Aufwand zu betätigen. Außerdem muss der Fahrer die ganze Zeit über stehen!

Mit berechtigtem Stolz blickten die Wuppertaler auf ein ganzes Jahrhundert Schwebebahn zurück. Wer hätte das einst für möglich gehalten? In der Anfangszeit begleiteten das »wahnsinnige Unterfangen« nämlich zahlreiche Proteste und Schmähungen. Doch schon bald schlossen die Wuppertaler die Schwebebahn in ihr Herz – und nach über 100 Jahren erfreut sie sich nach wie vor größter Beliebtheit.

Der 100. Geburtstag der Schwebebahn wurde am 1. März 2001 mit einem großen Festakt in der Historischen Stadthalle gefeiert. Bis zu diesem Ehrentag hatten circa 1,5 Milliarden Menschen die älteste Stadtbahn Deutschlands genutzt. Ihre Erfindung ist dem Kölner Industriellen Eugen Langen (1833–1895) zu verdanken, dem Betreiber einer Zuckerfabrik in Köln-Deutz. Die in dieser Fabrik für den Lastentransport eingesetzte Material-Hängebahn brachte ihn auf die Idee, etwas Vergleichbares für den Personentransport zu konstruieren. Dies führte zur Entwicklung der Schwebebahn. Als sich gegen Ende des 19. Jahrhunderts in den industriellen Ballungszentren Elberfeld und Barmen das große Verkehrsaufkommen kaum mehr bewältigen ließ, erschien den Stadtvätern 1894 der Bau einer solchen Schwebebahn zwischen den beiden Städten die einzige Lösung: Die Zeit für das weltweite Unikum war reif.

Führende Maschinenbau- und Elektrizitätsgesellschaften machten sich an die Realisierung des kühnen Wunderwerks, dessen Bau bis Vohwinkel geplant war und für das die königliche Regierung in Düsseldorf 1896 grünes Licht gegeben hatte. Vom Baubeginn im Sommer 1898 bis zur endgültigen Fertigstellung der gesamten Strecke im Jahr 1903 entstand in großer Pionierarbeit eines der bedeutendsten Industriedenkmäler der Welt, vergleichbar etwa mit dem Pariser Eiffelturm. 19.000 Tonnen Eisen sollen damals verarbeitet worden sein. Die Gesamtkosten beliefen sich auf 16 Millionen Goldmark, wie es heißt.

Um- und Neubau der gesamten Strecke

Hundert Jahre im Dienst der Bürger, das geht auch an einer »eisernen Lady« wie der Schwebebahn nicht spurlos vorüber. In den 80er Jahren des 20. Jahrhunderts sind Experten zu dem Schluss gekommen, dass Präventionsmaßnahmen nicht mehr ausreichen, um das Stahlgerüst vor Umwelteinflüssen zu schützen. Außerdem setzte die steigende Zahl der Fahrgäste der Bahn immer mehr zu. Um Wuppertals Wahrzeichen auch für die nächsten 100 Jahre fit zu machen, verordnete man der alten Dame eine umfangreiche Verjüngungskur. Sämtliche ihrer fast 500 Brücken und Stützen galt es abzumontieren und durch neue zu ersetzen.

Die vollständige Renovierung bedeutet nicht nur die Erneuerung der gesamten Fahrbahnstrecke, sondern auch die komplette Demontage und den Neubau der meisten Bahnhöfe. Nur wenige Stationen werden im historischen Stil restauriert.

Mit den umfangreichen Bauarbeiten verfolgen die Wuppertaler Stadtwerke AG und die Stadt mehrere Ziele: Die erneuerte Tragkonstruktion muss den Belastungen einer erhöhten Verkehrsfrequenz nicht nur standhalten, sondern zusätzlich Reserven für die Zukunft bereithalten. Trassierungsbegradigungen, die Beseitigung von Langsamfahrstellen und die Verkürzung der Umlaufzeit machen eine erhöhte Reisegeschwindigkeit möglich. Man strebt eine Taktfrequenz von 90 Sekunden an. Außerdem soll die modernisierte Bahn nicht mehr quietschen, sondern nur noch flüstern!

Impressionen

vom Schwebebahn-Ausbau am Islandufer, Sommer 2001

Alte Bahnhofsformen

Die Elberfelder Strecke: Station »Varresbeck« unmittelbar vor ihrem Abriss am 4.5.2001

Schwebebahnunglück vom 12.4.1999

Auch ist die Einführung einer neuen Wagengeneration geplant, die im Vergleich zu der heutigen, aus dem Jahr 1972 stammenden Baureihe moderner, geräumiger und schneller sein wird: So kann die alte Dame Schwebebahn auch in Zukunft mobil und quicklebendig bleiben.

Seit Beginn der Ausbauarbeiten im November 1997 befindet sich Wuppertals Schwebebahn im Ausnahmezustand. In der Regel wird jeweils an den Wochenenden und während der Schulferien im Sommer und Herbst an mehreren Baustellen gleichzeitig gearbeitet. Sukzessive wurden einzelne Abschnitte der Tragkonstruktion ausgetauscht. Für die neuen, wesentlich massiveren und somit auch gewichtigeren Ankerstützen und Brückenteile wurden neue, verstärkte Fundamente aus Beton gegossen. Die Arbeiten zogen immer wieder zahlreiche Schaulustige an.

Besonderes Interesse fand im Juli 2001 die Montage des 75 Meter langen und 235 Tonnen schweren Überbaus, mit dem unmittelbar hinter der Station »Kluse« das Schwebebahngerüst über der Bundesstraße 7 gehalten wird. Unzählige Zuschauer verfolgten gebannt das nächtliche Spektakel, viele von ihnen sogar bis in die frühen Morgenstunden. Nicht weniger Schaulustige trafen sich im Juli und August 2002 anlässlich der Montage eines weiteren Überbaus, der vor der Station »Ohligsmühle« in Form eines Kleiderbügels auf 92 Metern Länge bei einem Gewicht von 190 Tonnen die Bundesstraße 7 überspannt.

Seit 1967 steht die Schwebebahn unter Denkmalschutz. Folglich muss sich auch eine runderneuerte Bahn weiterhin im historischen Gewand präsentieren. So ist das neue Gerüst zwar feuerverzinkt und gegen schädliche Einflüsse geschützt, aber die Stahlprofilabmessungen zum Beispiel müssen mit den alten optisch identisch sein und wie früher vernietet werden. Die Montage einer so genannten Flüsterschiene, die aufgrund einer speziellen Gummi-Ummantelung den Geräuschpegel der Bahn beim Fahren deutlich reduziert, wird das Fahrgefühl vielleicht am nachhaltigsten verändern. Die Schwebebahn-Nostalgiker werden das vertraute Quietschen sicherlich auch ein wenig vermissen.

Zur Zeit des Schwebebahnausbaus ereignete sich ein schreckliches Unglück, das die Wuppertaler tief erschütterte. Eine für die Arbeiten an dem Gerüst notwendige Stahlkralle an der Fahrbahnschiene war nicht entfernt worden, sodass der erste Zug, der nach diesem Ausbauwochenende fuhr, in die Wupper stürzte. Das Unglück geschah am Morgen des 12. April 1999 in der Nähe des Robert-Daum-Platzes. Fünf Menschen verloren dabei ihr Leben, 46 wurden verletzt. Eine Gedenktafel in der neu gebauten Station »Robert-Daum-Platz« erinnert an die Opfer dieses folgenschwersten Unfalls in der gesamten 100-jährigen Schwebebahngeschichte. Bis zum 8. Juni 1999 stand die Bahn still.

Die Um- und Ausbaumaßnahmen sollten ursprünglich bis zum 100-jährigen Jubiläum der Bahn im Jahr 2001 beendet sein, was sich allerdings nicht realisieren ließ. Am Schwebebahngerüst wurde bis ins Jahr 2002 gearbeitet; der Neubau der Bahnhöfe dauert noch an.

Die Barmer Strecke:
alte Station »Wupperfeld«
an ihrem letzten Tag,
dem 1.2.2002

Schwebebahn-Ausbau

in Reihenfolge der Bilder: Schweißarbeiten auf dem Dach der alten Station »Varresbeck«, Aufbau der neuen Plattform an der Station »Loher Brücke«, alte Station »Zoo/Stadion« mit Wendeanlage vor ihrem Umbau, neue Station »Hammerstein« im Rohbau

Schwebebahn-Ausbau

Einbau eines neuen Brückenteils an der Station »Ohligsmühle«, Lastentransport mit Gerüststütze über der Wupper

Neue Bahnhofsformen
Elberfelder Strecke: Station »Varresbeck« und Barmer Strecke: Station »Loher Brücke«

Aufbau der neuen Trasse
Einpassen eines Brückenteils am Wall, Montagearbeiten am neuen Überbau zwischen »Kluse« und Bembergstraße. Beides im Sommer 2001

131

9
F
15
schwebebahn

Zwei von Wuppertals Schwebebahnhöfen wurden im Zweiten Weltkrieg völlig zerstört und erst sehr viel später wieder aufgebaut. Der Bahnhof »Ohligsmühle« wurde erst 1982 wieder eröffnet. Er fasziniert durch seine eigenwillige Konstruktion aus Stahl und Glas, die ihm schon bald den Spitznamen »Gewächshaus« einbrachte.

Der Name »Kluse« ist dem Schwebebahnkenner geläufig. So hieß der vorläufige Endbahnhof im Jahr 1901 bei der offiziellen Eröffnung der Schwebebahn. Auch dieser wurde 1943 von Bomben zerstört. Erst über 50 Jahre später beschloss die Stadt, die Haltestelle »Kluse« neu zu errichten. Als die Station am 26. März 1999 zwischen den Haltestellen »Döppersberg« und »Landgericht« als zwanzigster Schwebebahnhof der Öffentlichkeit übergeben werden konnte, präsentierte sie sich modern mit einem ausladenden Glasdach.

Inzwischen hatten die eigentlichen Umbau- und Renovierungsarbeiten begonnen. Die meisten Bahnhöfe sollten abgerissen und neu aufgebaut werden. Am 2. Juni 1999 ging mit der »Adlerbrücke« die erste dieser umgebauten Stationen in Betrieb. Die Haltestelle »Robert-Daum-Platz« folgte am 23. August des gleichen Jahres. Bis heute sind noch nicht alle Bahnhöfe erneuert worden, da nur zwei bis drei pro Jahr abgerissen werden können. Wie die Haltestelle »Kluse« vermitteln auch die anderen Bahnhöfe nach ihrem Um- beziehungsweise Neubau den Eindruck von gläserner Transparenz. Der gestalterische Anspruch liegt darin, Sicherheit mit Ästhetik zu verbinden.

Die Bahnhöfe der Elberfelder Strecke unterscheiden sich von denen der Barmer Strecke. Die Stationen »Zoo/Stadion« bis »Kluse« in Elberfeld haben bis auf die Neukonstruktion der Haltestelle »Ohligsmühle« allesamt die Form eines Hauses mit aufgesetzten Dachschrägen. An den Stationen der Barmer Strecke, von »Landgericht« bis »Oberbarmen«, sind jeweils nur die einzelnen Bahnsteige überdacht. Diese haben also keine gemeinsame Dachkonstruktion. Eine architektonische Ausnahme bilden der wunderschöne Jugendstil-Bahnhof »Werther Brücke« und die Station »Alter Markt«.

Die Bahnhöfe der so genannten Landstrecke, von »Sonnborner Straße« bis zur Endstation »Vohwinkel«, unterscheiden sich in ihrer Konstruktion von allen anderen. Die Bahn schwebt auf dieser Strecke oberhalb der Straße. Sie fährt durch Stationen, die aus Platzmangel zwischen den Häuserfluchten unmittelbar in die Bogenstützen des Fahrbahngerüsts eingefügt sind.

Gläserne Transparenz *zeichnet die neuen Bahnhöfe aus.*

Im Zuge des kompletten Schwebebahnausbaus werden alle Bahnhöfe modernen Erfordernissen angepasst, wozu beispielsweise der Einbau von Aufzügen zählt. Der Jugendstilbahnhof »Werther Brücke« soll im historischen Stil rekonstruiert werden, andere sind bereits völlig neu aufgebaut worden oder sollen noch ersetzt werden.

Die Umbaumaßnahmen finden ihren Abschluss in der Erneuerung der Endstationen »Vohwinkel« und »Oberbarmen«. In Vohwinkel befindet sich neben einer Wagenhalle auch die Schwebebahn-Werkstatt, in der turnusmäßig sämtliche Gelenkwagen sowie der alte Kaiserwagen gewartet werden. Hinter der Endstation »Oberbarmen« steht die größte Wagenhalle der Schwebebahn. Sie ist einst in eindrucksvoller Jugendstil-Architektur erbaut worden und soll im Zuge ihrer Renovierung vergrößert werden.

Endstation

Wagenhalle »Oberbarmen«. Bernd Wüsten fährt den Kaiserwagen hinein.

Das Juwel unter den alten Bahnhöfen: Jugendstilbahnhof »Werther Brücke«

Die Tuffi-Geschichte

Wer fährt nicht gern mit der Schwebebahn? Einem Passagier gefiel diese Reise allerdings nicht: der Elefantendame Tuffi. Der vierjährige kleine Elefant war am 21. Juli 1950 zu Werbezwecken für den Zirkus Althoff am Bahnhof »Alter Markt« in einen Schwebebahnwagen mit der Nummer 13 eingestiegen – ordnungsgemäß mit Fahrschein wohlgemerkt. Die Fahrt behagte dem Tier jedoch nicht. Zum Entsetzen der Betreuer und Journalisten, die vor Schreck sogar das Fotografieren vergaßen, zertrümmerte die Elefantendame kurzerhand die Seitenwand des Schwebebahnwagens. Vor der Station »Adlerbrücke« wagte sie dann ihren legendären Sprung in die Wupper. Bei diesem Sturz kam das Tier mit einer Schramme am Po davon. Die Verantwortlichen von Zirkus und Verkehrsbetrieb erhielten geringe Geldstrafen. Werbewirksam war Tuffis Auftritt allemal, ihm war zudem auch die Erkenntnis zu verdanken, dass sich die Schwebebahn zum Transport von Elefanten nicht eignet – so wurde zumindest gerichtlich festgestellt.

SPARKASSE SPARKASSE
Barmenia

Stadtlandschaften

Entstehungsgeschichte einer Großstadt

Blick über Elberfeld. Im Zentrum das Hochhaus der Sparkasse.

Bereits im 19. Jahrhundert gab es Bestrebungen, die an der Wupper gelegenen Nachbarstädte Barmen und Elberfeld zu vereinigen. Doch so leicht sollte dieser Zusammenschluss nicht gelingen. Erst im Sommer des Jahres 1929 wurde im Rahmen einer kommunalen Neugliederung die Zwangsehe der bis dahin selbstständigen Städte Barmen und Elberfeld sowie einiger umliegenden Gemeinden vollzogen. Zunächst trug die Städteverbindung den vorläufigen Namen Barmen-Elberfeld. Am 25. Januar 1930 erhielt sie schließlich durch Erlass des preußischen Staatsministeriums den heutigen Namen Wuppertal. Zur Zeit der Gründung zählte die Stadt über 400.000 Einwohner.

Die neu entstandene Großstadt vereinigte unter dem Namen Wuppertal Städte und Gemeinden, deren Ursprünge bis ins frühe Mittelalter zurückreichen. Barmen (damals »Barmon«) wurde bereits im Jahr 1070 urkundlich erwähnt. Zur Stadt sollte Barmen allerdings erst viele Jahrhunderte später erhoben werden, im Jahr 1808. Die Ersterwähnung Elberfelds (damals »Elverfelde«) fällt ins Jahr 1161. Elberfeld erhielt im Jahr 1610 Stadtrecht. Ebenfalls zu Wuppertal gehören die ehemaligen Gemeinden Cronenberg, Ronsdorf und Vohwinkel (ursprünglich »Cronberga«, »Rumsdorp« und »Vouinkel«).

Das Rathaus in Barmen

Das seit 1934 bestehende Wappen der Stadt Wuppertal (S. 4) entwarf der renommierte Kunstmaler und Heraldiker Wolfgang Pagenstecher. Der gebürtige Elberfelder brachte die bisherigen Wappen von Elberfeld und Barmen mit dem Bergischen Löwen zusammen: Das doppelt geschweifte Tier steht auf zwei goldenen Garnsträngen (Barmen) und hält das Rost des heiligen Laurentius zwischen seinen Pranken (Elberfeld).

Blick über Barmen von der Zanellastraße bis zu den Hatzfelder Wassertürmen

Seit über 100 Jahren dominiert das Elberfelder Verwaltungshaus den Neumarkt.

GEFA

Blicke über den Elberfelder Talkessel

Zunächst in Richtung der Talachse gen Osten, dann vom Robert-Daum-Platz gen Westen

Stadtansichten in Elberfeld

Vom Bismarcksteg am Wupperufer bis zu den Szenekneipen im Luisenviertel, dem »Café du Congo« und dem grün umrankten »Katzengold«

Interessante Skulpturen
nahe am Elberfelder Verwaltungshaus: Bergischer Löwe, Zuckerfritz und Neptunbrunnen

Fassadenschmuck auf dem Werth, Barmer City

Wuppertal ist die wirtschaftliche und kulturelle Metropole des Bergischen Landes, zu dem auch die Städte Solingen und Remscheid gehören. Hier treffen beschauliche Idylle und großstädtische Betriebsamkeit aufeinander.

Die Stadt dehnt sich auf einer Länge von 21 Kilometern aus. Im engen Tal der Wupper liegt sie dicht gedrängt. Wie »ein Versteck zwischen zwei Hügeln in der Talsohle« beschreibt der bekannte Filmregisseur Tom Tykwer (»Lola rennt«) seine Heimatstadt. »Sie ist das San Francisco Deutschlands, mit diesen ganzen steilen Straßen – sehr verwunschen und geheimnisvoll.«

Der Wuppertaler ist an Höhenunterschiede gewöhnt: Bis zu 250 Meter steigen die Höhenzüge von der Talachse an, der höchste Punkt (Lichtscheid) liegt bei 350 Metern über dem Meeresspiegel. Die vielen städtischen Treppenanlagen – 8.723 Stufen insgesamt – führen ins Tal hinab und auf die Höhen hinauf. Dort hat man von verschiedenen Türmen aus, zum Beispiel vom Bismarckturm oder Elisenturm, vom Weyerbuschturm oder Von der Heydt-Turm, wunderschöne Ausblicke auf die Stadt im Tal und das grüne Umland. Der höchstgelegene Turm, der Toelleturm, bietet einen Blick weit über die Stadtgrenzen hinaus.

Die verschiedenen Stadtteile und Wohnviertel in Wuppertal unterscheiden sich architektonisch zum Teil sehr voneinander, auch wenn sich Jugendstilhäuser und klassizistische Bauten über die ganze Stadt verteilen. Das Briller Viertel, das Zooviertel und die Umgebung rund um den Toelleturm in Barmen gelten dabei als besonders repräsentativ. Als Ende des 19. Jahrhunderts die Textilindustrie in Wuppertal boomte, errichteten die vermögenden Textilfabrikanten in diesen Gebieten der Stadt ihre prächtigen Wohnhäuser. Die Villenviertel mit ihren großzügigen Parkanlagen und dem alten Baumbestand zeugen noch heute von der herrschaftlichen Atmosphäre vergangener Zeiten.

Die Fabrikanten bauten für die Arbeiter in ihren Unternehmen Wohnquartiere, die sich überwiegend in der Elberfelder Nordstadt befanden. Hier lebte man zur Gründerzeit auf engem Raum, meist ohne Strom und ohne jeglichen Komfort. Abends sorgten Petroleumlampen in den Häusern für Licht. Dies brachte dem Viertel den Namen »Ölberg« ein. Die Arbeiterquartiere folgten jedoch mit ihren Stuckfassaden nach außen hin dem bürgerlichen Geschmack der damaligen Zeit. Da das gesamte Viertel im Krieg nahezu unversehrt blieb und später zudem aufwendig saniert wurde, ist es heute besonders sehenswert.

Die dörfliche Atmosphäre von Cronenberg und Beyenburg steht in reizvollem Kontrast zum großstädtischen Flair Wuppertals. Die Zentren dieser beiden Stadtteile bestehen größtenteils aus Fachwerk- und Schieferhäuschen, wie sie für das Bergische Land typisch sind. Doch nicht nur hier, auch vom Westen bis zum Osten, von Schöller bis zum Langerfelder Markt findet man solch schöne Fachwerkbauten.

Weitere Akzente setzen farbige und eigenwillige Häuserfassaden, wie zum Beispiel das künstlerische Wandbild des weltweiten Malprojekts »Murales 2000«. Künstler aus Wuppertal und aus der nicaraguanischen Partnerstadt Matagalpa haben es gemeinsam gestaltet. Auch das futuristisch anmutende Gebäude der Hauptverwaltung des Einkaufsbüros Deutscher Eisenwarenhändler (EDE) beeindruckt so manchen Betrachter.

CONCORDIA
48

Dekoratives Fabrikantenhaus in Barmen

Zu den beliebtesten Plätzen Wuppertals gehört der Laurentiusplatz. Er liegt vor der gleichnamigen Kirche und wird von zahlreichen Eis- und Straßencafés umsäumt. Hier finden regelmäßig Stadtfeste, Märkte und andere Veranstaltungen statt. Auch der Marktplatz vor dem Elberfelder Verwaltungshaus von 1900 mit dem ebenso alten und imposanten Neptunbrunnen sowie der Platz vor dem Barmer Rathaus von 1923 ziehen die Besucher an. Von diesen Plätzen aus erstrecken sich ausgedehnte Fußgängerzonen.

Die Elberfelder Einkaufszone zählt zu den ältesten und größten in Deutschland. Im Jahr 1994 wurde hier ein modernes Einkaufszentrum, die Rathaus-Galerie, errichtet. Heute wird sie von einem noch großzügiger gestalteten Einkaufstempel ergänzt: den City-Arkaden. Sie öffneten im Oktober 2001 ihre Pforten. Unter einem Dach aus Glas sind hier auf 20.000 Quadratmetern Verkaufsfläche über 80 Geschäfte versammelt. Unabhängig von der Wetterlage können Einheimische und Besucher der Stadt auf vier Ebenen shoppen und sich danach bei Kaffee und Kuchen von ihrem Einkauf erholen.

Seit 1997 strömen Gäste von nah und fern in das originelle Wuppertaler Brauhaus in der Nähe des Barmer Rathauses. Als umgebaute ehemalige Badeanstalt besticht es vor allem durch das unvergleichliche Ambiente – es ist ein beliebter Treffpunkt, nicht nur zum Ausklang ausgiebiger Stadtbesichtigungen.

Briller Viertel

Glanz und Herrlichkeit früherer Zeiten spiegeln sich in diesem repräsentativen Viertel.

Elegante Villen und Häuserzeilen prägen das **Briller Viertel.**

Elberfelder Nordstadt
Eng aneinander schmiegen sich die Stuckfassaden der Gründerzeit.

W LZ 294

Eine besondere Atmosphäre umgibt noch heute die Wohnquartiere in der **Elberfelder Nordstadt**.

Treppen

Die unzähligen Treppen sind oftmals das Pendant zu ebenso steilen Straßen. In Reihenfolge der Bilder: Vogelsauer Treppe, Eichentreppe mit gegenüberliegender Gronaustraße sowie Jakobstreppe.

Vohwinkel

Ein auffälliger Rathausturm. Immer wieder schöne Jugendstilfassaden. Die Schwebebahn hat hier ihren Ausgangspunkt und fährt durch eine kilometerlange Bogenallee.

Vohwinkel
die freundliche
Ecke Wuppertals
BARMER
Essen
Bahnhof
Konica

12
13
14
15
P

MODE REISS
Stadtbibliothek
Theater in Cronenberg
Atelier für exklusive Bildeinrahmung
Mitglied im Designerkreis Rahmenkunst e.V.
D-B 347

Cronenberg

Dörfliches Idyll zwischen Fachwerk und Schiefer. Besonders romantisch sind »Krings Eck« gegenüber der reformierten Kirche und die Häuserzeile »An der Hütte«.

DENKMAL

Beyenburg

Von Barmen (links) führt der Weg nach Beyenburg. Hier wie dort findet man Schieferhäuser in den Farben des Bergischen Landes. Zusätzlich umgibt sehenswertes Fachwerk die Beyenburger Klosterkirche St. Maria Magdalena.

Langerfeld

Am Langerfelder Markt steht die alte evangelische Kirche, vor der die »Langerfelder Garnbleicher« mitunter ein Hochzeitsspalier bilden. In der Nähe befindet sich das schmucke Hofeshaus Cleff.

AVF GOTTESGNADHABICH VERTRAVWET
VNDAVFSEIN WORT DIS HAVS GEBAVWET
DER HELFE MIR DAS ES WERDE VOLENDT
SV SEINEM LOB VNDGVTEM ENDT
IOHAN IONES AO 1680
DEN II IVNIVS
9

11a

1888

Eigenwillige Fassaden

Klassizismus stößt auf Fachwerk. Das weltweite Malprojekt »Murales 2000« setzt farbige Akzente. Das futuristische EDE-Gebäude ragt wie ein Schiff auf.

Formenspiel
moderner
Architektur

Futuristische Schwebebahnperspektiven
Die Bahn verlässt die Station »Kluse« und fährt wenig später in den »Alten Markt« ein.

Die neuen City-Arkaden
flankieren den Eingangsbereich der Elberfelder City.

akzenta
H&M
BOECKER
Benedict

Thalia
Thalia
Thalia
Thalia

Zu Elberfeld gehören die **Einkaufstempel** *Rathaus-Galerie (unten) und die mit langen Rolltreppen ausgestatteten City-Arkaden. Die Barmer Einkaufsmeile befindet sich auf dem Werth.*

Wuppertaler Brauhaus
Brau & Back
wupper dunkel
wupper hell

Wupperfeld
Robert Baum Platz

Eine ehemalige Badeanstalt

Als heutiges Brauhaus originell und unvergleichlich

Auch wenn es manch einer nicht glauben mag: Wuppertal liegt mitten im Grünen. Zwei Drittel des gesamten Stadtgebiets sind grün. Ausgedehnte Waldgebiete, Felder und Wiesen säumen den Stadtrand. Darüber hinaus versprechen großzügige Park- und Grünanlagen Erholung und Ruhe vom hektischen Alltag.

Elberfeld und Barmen haben jeweils ihre eigene »grüne Lunge« zur Naherholung. Die größte Parkoase der Stadt ist die in Elberfeld gelegene Hardt. Sie wird das ganze Jahr über von Tausenden Städtern aufgesucht. Auf den großflächigen Wiesen tummeln sich im Sommer die Sonnenanbeter und Picknickfreunde. Liegt im Winter ausreichend Schnee, treffen sich Große und Kleine zum Rodeln und Skifahren.

Unmittelbar an die Hardt grenzt der Botanische Garten, der im August 2000 sein 110-jähriges Bestehen feierte. Hier sind auf 4.600 Quadratmetern insgesamt 4.000 Pflanzen aus aller Welt beheimatet. Auf dem höchsten Punkt dieser Gartenidylle steht Wuppertals ältester Turm, der 21 Meter hohe Elisenturm. Ursprünglich war hier 1812 eine Windmühle errichtet worden; ein Textilfabrikant ließ sie im Jahr 1838 zu einem Aussichtsturm umbauen. Heute wird der Turm auch für Ausstellungen genutzt.

Das Pendant zur Elberfelder Hardt sind die so genannten Barmer Anlagen. In dieser stadtnahen Grünanlage steht der Toelleturm, der 1887 erbaut wurde. Seit 1894 konnte man ihn vom Tal aus mit der Barmer Bergbahn erreichen, die jedoch am 4. Juli 1959 stillgelegt wurde. Heute weckt ein Denkmal nostalgische Erinnerungen an diese älteste elektrisch betriebene Zahnradbahn Deutschlands.

Gewächshaus im Botanischen Garten

Die Hardt

Elberfelds große Parkoase ist ein beliebter Anlaufpunkt für Ruhesuchende. Zu ihr gehört der Botanische Garten mit dem Elisenturm.

Die Türme auf Wuppertals Höhen *lassen weite Talblicke zu. In Reihenfolge der Bilder: Bismarckturm, Weyerbuschturm und der Toelleturm mit der größten Aussichtsplattform.*

Von jedem Punkt der Stadt *aus ist man in wenigen Minuten im Grünen. So zum Beispiel im Deweerthschen Garten und in den Barmer Anlagen, die vom Bergbahn-Denkmal bis zu den Brunnenschalen am Toelleturm reichen.*

Stille Plätze

Die Begegnungsstätte Alte Synagoge und der Jüdische Friedhof am Weinberg. Ein Engel wacht auf dem Lutherischen Friedhof.

Wissenschaft und Kultur nehmen in Wuppertal einen hohen Stellenwert ein. Seit dem Jahr 1972 ist Wuppertal Universitätsstadt. Die »Bergische Universität – Gesamthochschule Wuppertal« vermittelt circa 17.000 Studenten Wissenswertes in 14 verschiedenen Fachbereichen. Doch die Studenten bekommen nicht nur Durchblick, sondern auch Weitblick: Vom Campus aus hat man die beste Sicht ins Tal und auf die Dächerlandschaft der Elberfelder Innenstadt.

Auf halbem Wege zwischen der Universität und der Innenstadt liegt die Historische Stadthalle am Johannisberg. Am 6. Juli 2000 feierte sie ihr 100-jähriges Jubiläum. Der Prachtbau mit seinen vier behelmten Türmen und der glanzvollen Innenausstattung mit den weitläufigen Treppenaufgängen und einnehmenden Sälen, den aufwendig gearbeiteten Decken und kostbaren Gemälden wurde in den Jahren 1895 bis 1900 im Stil der Neu-Renaissance errichtet. Seine Außenfassade erinnert ein wenig an den Berliner Reichstag. In den prunkvollen Konzertsälen findet reges kulturelles Leben statt. Die vollständige Restaurierung und die Wiedereröffnung im Jahr 1995 erfreute nicht nur Musikliebhaber, die die Stadt-

Die Wuppertaler Universität

Aussicht inbegriffen

Historische Stadthalle
am Johannisberg

halle wegen ihrer hervorragenden Akustik besonders schätzen. Der so genannte »Große Saal«, in dem im Laufe der Zeit so gut wie alle namhaften Dirigenten aufgetreten sind, hält für bis zu 2.000 Personen Platz bereit. Dieser und die anderen Säle werden jedoch nicht ausschließlich für Konzerte und rauschende Feste genutzt, sondern bieten auch Raum für Kongress- und Messeveranstaltungen.

Ein weiterer historischer Bau feierte im Jahr 2000 sein 100-jähriges Bestehen: das Haus der Jugend in Barmen. Es ist seinerzeit als »Ruhmeshalle« zu Ehren des 1888 verstorbenen deutschen Kaisers Wilhelm I. erbaut worden. Am 24. Oktober 1900 kam Wilhelm II. eigens zur Einweihung des Gebäudes, das, wie es hieß, »zur Pflege des Edlen und Höchsten in Kunst und Wissenschaft« dienen sollte. Damals gehörten noch eine Ehrenhalle mit Kaiserdenkmälern und eine Kuppel zu dem Bauwerk, das im Zweiten Weltkrieg zu großen Teilen zerstört wurde. Das Gebäude wurde bis auf die Ehrenhalle und die Kuppel wieder aufgebaut. In einem Teil des Hauses ist heute die Stadtbibliothek untergebracht, die anderen Räume stehen der Jugendarbeit zur Verfügung und werden für Kunstausstellungen genutzt.

Für Oper und Schauspiel gibt es zwei Häuser im Tal der Wupper: seit 1905 das Opernhaus und seit 1966 das Schauspielhaus. Das Opernhaus hatte die Stadt nach der Zerstörung im Zweiten Weltkrieg als architektonisches »Juwel der 50er Jahre« wiedererrichtet. Heute ist es auch das Domizil des weltberühmten Wuppertaler Tanztheaters von Pina Bausch, deren Stücke hier wie im Schauspielhaus uraufgeführt werden.

Glanzvolle Feste
prägen das Bild am Johannisberg: von den Sommer-festspielen im Stadtgarten bis zur Pressenacht in der Stadthalle.

Kulturelle Veranstaltungsorte *in Barmen: das Haus der Jugend mit großer Freitreppe, das Opernhaus im Premierenlicht*

Drachenboot-Regatta *auf dem Beyenburger Stausee*

Sport wird in Wuppertal groß geschrieben. Allein über 20 Bundesliga-Mannschaften verschiedener Sportarten sind hier zu Hause. Dementsprechend stehen den Aktiven und ihren Zuschauern zahlreiche Sportstätten zur Verfügung. Bereits 1924 wurde das Stadion am Zoo gebaut, das auch heute noch die Fußballfreunde in Scharen anlockt. Wuppertal ist außerdem als Hochburg des Schwimmsports bekannt. Im Jahr 1957 wurde die »Schwimmoper« fertiggestellt. Diesen Namen verdankte sie ihrer ausgefallenen Konstruktion. Die Schwimmoper war ursprünglich als Wettkampfstätte geplant, wurde aber bereits bei ihrer Eröffnung den Wuppertaler Wasserratten als Stadtbad übergeben. Wettkampfveranstaltungen finden im großen Küllenhahner Schwimm-Leistungszentrum statt.

Seit einiger Zeit begeistert eine Sportart die Wuppertaler, die in China schon seit 2.000 Jahren bekannt ist: die Drachenboot-Regatten. In zwölf Meter langen und einem Meter breiten Booten kämpft jeweils eine 22-köpfige Besatzung um den Drachencup. Ein Steuermann steht hinten im Boot, vorn gibt ein Trommler der Mannschaft den Takt an. Dieser Bootssport erfordert ein ruhiges Gewässer. Der am romantischen Ortsteil Beyenburg gelegene Wupper-Stausee ist für die Drachenboot-Regatten geradezu ideal geeignet. Es ist also nicht verwunderlich, dass die Mannschaften, die hier trainieren, häufig vordere Wettkampfplätze erreichen – bestes Beispiel sind die Sportler des Wuppertaler »Drag-Attack«-Drachenbootteams, die als deutsches Nationalteam selbst bei Weltmeisterschaften Siege einfahren.

Uraufführung
Ein neues Stück von Pina Bausch
Schauspiel Wuppertal

Menschen

Pina Bausch und das
»Tanztheater Wuppertal«

Das Schauspielhaus *kündigt ein neues Stück von Pina Bausch an. Darunter: »Nelken«*

Aus der Wuppertaler Kulturszene ragt ein Name besonders heraus und genießt Weltgeltung: Pina Bausch. Die Tänzerin und Choreografin revolutionierte nicht nur den Tanz, sondern setzt mit der von ihr kreierten Form des Tanztheaters bis heute Maßstäbe, an denen weltweit der neue Tanz gemessen wird.

Pina Bausch, mit Taufname Philippine, wurde 1940 in Solingen geboren. 1958 schloss sie ihr Tanzstudium an der Folkwangschule in Essen mit einem Examen in Bühnentanz und Tanzpädagogik ab und bekam anschließend ein Stipendium in New York. Von dort kehrte sie 1962 zu Kurt Jooss, dem Leiter der Folkwangschule, nach Essen zurück. Sie gilt als seine Meisterschülerin. Ab 1968 entwickelte sie eigene Choreografien. 1973 schließlich wurde sie von Arno

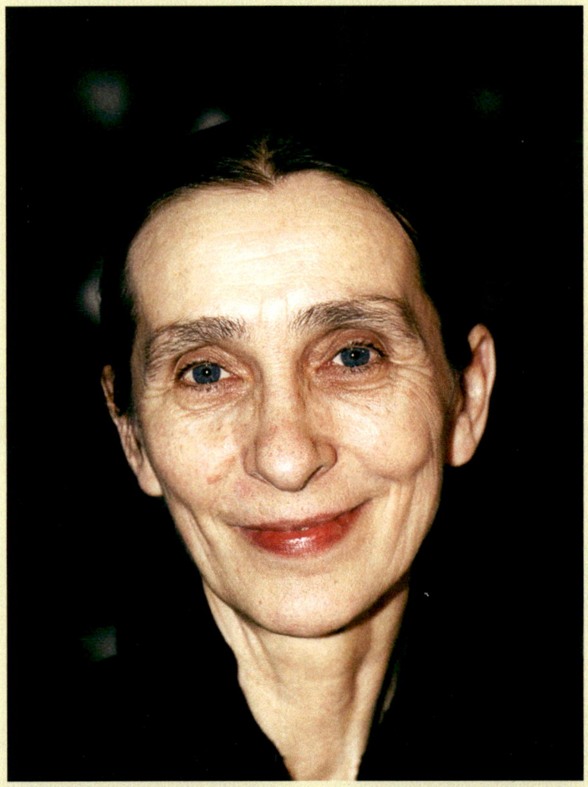

Pina Bausch *unten: »Iphigenie auf Tauris«*

Wüstenhöfer, damals Generalintendant in Wuppertal, entdeckt und für die Wuppertaler Bühnen als Leiterin des neu formierten »Tanztheaters Wuppertal« engagiert. Kaum zwei Jahre später zählte ihre Tanzcompagnie bereits zu den besten in Deutschland. Seit Ende der 70er Jahre gelangte sie »Stück für Stück« zu weltweitem Ruhm. Inzwischen hat Pina Bausch mit ihrem couragierten Schaffensdrang und einem Werk von mehr als 40 Stücken die internationale Tanzszene entscheidend geprägt.

In Wuppertal suchte Pina Bausch von Beginn an einen neuen tänzerischen Ausdruck. Bereits ihre ersten Stücke, wie zum Beispiel die Tanzoper »Iphigenie auf Tauris« (1974) und das Ballett »Frühlingsopfer« (1975), beeindruckten durch ungewöhnliche Intensität, enorme Vitalität wie auch besondere Empfindsamkeit. Doch erst in den folgenden Stücken wurden bis dahin übliche Tanzstile und -bewegungen grundlegend in Frage gestellt. Denn Tanz war im Verständnis einer Pina Bausch mehr als nur eine Frage bestimmter Techniken oder Schrittfolgen. Sie ließ in ihren Stücken eine neue Körpersprache zum Ausdruck kommen und löste die konventionellen Grenzen zwischen Schauspiel und Ballett, Sprech- und Musiktheater auf: Neuartige Tanz- und Schauspielformen verband sie in Solodarstellungen und Gruppeninteraktionen collagenartig zu einer neuen Art von Stück.

Pina Bausch interessiert nach eigener Aussage weniger, wie die Menschen sich bewegen, sondern mehr, was sie bewegt. Deshalb beinhalten ihre Stücke Grundfragen menschlicher Existenz und des Zusammenlebens. Sehnsüchte und Ängste kommen authentisch und in intensiven Bildern zum Ausdruck. Die ungewohnte Offenheit, mit der sie ihre Themen behandelt, hat das Publikum anfangs verunsichert, dann fasziniert. Die Sprache ihrer Stücke kann von jedem verstanden werden. Dazu trägt auch die internationale Besetzung ihrer Compagnie bei. So erreicht sie die Zuschauer auf der ganzen Welt.

»Arien«

Pina Bauschs schöpferische Kraft manifestiert sich in jeder ihrer Inszenierungen. Dies hat sicherlich zu dem überwältigenden Erfolg des »Tanztheaters Wuppertal« beigetragen. Seit Jahren ist es unter ihrer Leitung das kulturelle Aushängeschild nicht nur der Stadt Wuppertal, sondern Deutschlands: Auch im Ausland wird Pina Bausch enthusiastisch gefeiert. Sie geht jährlich auf Tourneen und gibt Gastspiele in aller Welt. Das »Tanztheater Wuppertal« ist in den berühmtesten internationalen Spielstätten zu Hause. Seit den 80er Jahren finden internationale Koproduktionen statt, die sich seit 1996 fest etabliert haben.

Pina Bauschs künstlerisches Wirken wurde weltweit mit über 40 Preisen und Ehrungen gewürdigt – hier eine Auswahl: Als Studentin erhielt sie den Folkwang-Preis (1958). Bundespräsident Richard von Weizsäcker verlieh ihr das Bundesverdienstkreuz Erster Klasse (1986). Sie wurde in den Orden »Pour le mérite« in Frankreich aufgenommen (1996) und bekam aus der Hand des japanischen Kaisers den japanischen Kunstpreis »Praemium Imperiale« überreicht, der als »Nobelpreis der Künste« gilt (1999). Selbst ein »Bambi« fehlt nicht (1998).

»Agua« und
»Fensterputzer«

Drei Jahrzehnte »Tanztheater Wuppertal Pina Bausch«

Von »Iphigenie auf Tauris« aus 1974 (S. 87) bis »Für die Kinder von gestern, heute und morgen« aus 2002 (kleines Foto)

»Viktor« (oben) und »Auf dem Gebirge hat man ein Geschrei gehört« (rechts)

Johannes Rau

Johannes Rau bekennt sich zu Wuppertal, und Wuppertal bekennt sich zu Johannes Rau. Fast sein ganzes Leben verbrachte der Altbundespräsident in der Stadt an der Wupper. Als drittes von fünf Kindern wurde Rau 1931 in Wuppertal-Barmen geboren; seine Familie lebte damals im Haus »Im Springen 7«. Während des Zweiten Weltkriegs wurde die Familie eine Zeit lang nach Sachsen und Thüringen evakuiert, kehrte aber 1944 wieder nach Wuppertal zurück.

Nach seiner Gymnasialzeit begann Johannes Rau 1949 eine Lehre in der Verlagsbuchhandlung Emil Müller in Barmen. Zeitgleich war er freier Journalist bei der Westdeutschen Rundschau und später auch beim General-Anzeiger, der heutigen WZ. In den 50er Jahren arbeitete Johannes Rau zunächst als Vertriebsleiter beim Luther-Verlag in Witten und war dann als Geschäftsführer des Jugenddienst-Verlags in Barmen tätig.

Seine lange politische Karriere startete Johannes Rau 1953 mit seinem Eintritt in die Gesamtdeutsche Volkspartei (GVP), an deren Gründung er beteiligt war und die später in die SPD überführt wurde. Er trat im Jahr 1957 der SPD bei. Was die meisten Nicht-Wuppertaler nicht wissen: Knapp ein Jahr lang war er Oberbürgermeister von Wuppertal.

Bundespräsident Johannes Rau wird am 5.8.1999 mit einem »Bergischen Liefersack« nach Berlin verabschiedet.

1970 wurde er dann ins Ministerium des Landes Nordrhein-Westfalen berufen. Unter Rau als Wissenschaftsminister wurde die »Bergische Universität – Gesamthochschule Wuppertal« gegründet. Auch als langjähriger Ministerpräsident von Nordrhein-Westfalen (1978–1998) blieb er seiner Heimatstadt verbunden. Für seine Verdienste um Wuppertal bedankte sich die Stadt 1991 mit der Verleihung des Ehrenbürgerrechts, einer hohen Auszeichnung, die bislang nur acht Mal vergeben wurde.

Johannes Rau ist am 23. Mai 1999 zum Bundespräsidenten gewählt worden. Am 5. August 1999 verabschiedete die Stadt Wuppertal Johannes Rau deshalb mit einem Empfang in der Historischen Stadthalle. Auch nachdem er mit seiner Familie von Wuppertal-Katernberg ins Schloss Bellevue nach Berlin gezogen ist, besucht er seine Heimatstadt oft und gern. Die Menschen hier wird er stets auf besondere Weise ansprechen: als gläubiger Christ und als Wuppertaler.

»Zufuhr«,
ein Kunstwerk von Tony Cragg

Tony Cragg

Für den 1949 in Liverpool geborenen Bildhauer Tony Cragg, Mitglied der Londoner Royal Academy of Arts, ist Wuppertal seit 1977 Wahlheimat. Seine Entscheidung, sich als Künstler in Wuppertal niederzulassen, begründet er damit, dass von dieser Stadt immer wieder positive Anreize für seine Arbeit ausgingen. Ihn inspiriert »der schnell wechselnde Kontrast zwischen Natur und Stadt, von Schönem und Hässlichem, von Jugendstil zum Beispiel und dichten Industrieanlagen«. Entsprechend verbindet er in seinen Werken unterschiedliche Materialien, setzt sie in Beziehung zueinander, lässt sie ineinander übergehen und schafft schließlich etwas Neues.

Der so genannte Zivilisationsmüll spielt für Tony Cragg als Bildhauer eine ebenso große Rolle wie traditionelle und natürliche Materialien. Kunststoff allerdings fasziniert ihn besonders. Tony Cragg übersetzt seit den 80er Jahren Wegwerfartikel aus Plastik in Bronzeskulpturen. Bekannt sind auch seine Wandbilder aus Plastiktrümmern und seine Objekt-Arrangements aus Gips, Stein, Glas, Silikaten und anderen Stoffen.

Die beiden bekannten Skulpturen vor dem Von der Heydt-Museum in Elberfeld lassen dem Betrachter die »alltägliche Nutzwelt plötzlich in einem neuen Licht erscheinen«: Gebrauchsgegenstände wie Getränkedose und Spülmittelflasche treffen auf altertümliche Gefäße wie Amphore und Mörser. Craggs überdimensionale Skulptur »Zufuhr« vor dem Sparkassen-Verwaltungsgebäude am Johannisberg und die Darstellung des »Wupperlaufs« hinter dem Elberfelder Verwaltungshaus entreißen den Betrachter für einen Augenblick seiner Alltagshektik.

Die zahlreichen Preise wie zum Beispiel der Wuppertaler Eduard-von-der-Heydt-Preis 1989 oder der Berliner Piepenbrock Preis für Skulptur im August 2002 weisen Tony Cragg als einen der bedeutendsten zeitgenössischen Bildhauer aus. Im Jahr 2001 überreichte ihm Königin Elizabeth II. persönlich den Orden »Commander of the British Empire«.

Von 1988 bis 2001 war Tony Cragg Professor an der Kunstakademie Düsseldorf. Seitdem lehrt er an der Hochschule für Bildende Künste in Berlin. Dennoch gilt für Tony Cragg nach wie vor »Atelier: Wuppertal«.

Tom Tykwer

Barmer Programmkino
»Cinetal«. Hier hat Tom Tykwer in seiner Anfangszeit gearbeitet.

»Lola rennt« – dieser Film machte den aus Wuppertal stammenden Regisseur, Autor und Komponisten Tom Tykwer 1998 schlagartig berühmt. Seit seinem elften Lebensjahr ist Tom Tykwer ein Filmfreak. Damals drehte er bereits erste Super-8-Filme. Später jobbte er in Programmkinos. Der Traum »vom Kartenabreißer zum Kultregisseur« ist für ihn wahr geworden. Tom Tykwers Filmarbeiten wurden mit zahlreichen Preisen bedacht, unter anderem mehrfach mit dem Deutschen Filmpreis.

Für seinen vierten Spielfilm »Der Krieger und die Kaiserin« aus dem Jahr 2000 wählte Tom Tykwer Wuppertal als Drehort. Hier wurde er 1965 geboren. Am 29. November 2001 erhielt er für seine Verdienste um die Stadt Wuppertal als erster Filmregisseur den renommierten Eduard-von-der-Heydt-Preis, den höchsten Kulturpreis der Stadt. In der Begründung hieß es, er habe »den deutschen Film erneuert« und seiner Heimatstadt »ein wunderbares Denkmal gesetzt«.

»Der Krieger und die Kaiserin« ist Tom Tykwers Lieblingsfilm – er gesteht: »In ihm schlägt mein Herz am sichtbarsten.« Die ungewöhnliche Liebesgeschichte zwischen einer Krankenschwester und ihrem mysteriösen Lebensretter passt hervorragend in das Ambiente der Stadt. Wuppertal ist nach Tykwers Ansicht »der geeignete Ort für so einen Film, der viel mit verschlossenen Figuren zu tun hat, die versuchen, aus dem Schatten ans Licht zu kommen«. Als Industrie- und Arbeiterstadt habe sie stets etwas Geheimnisvolles, sei idealer Hintergrund für Märchenhaftes und Reales zugleich. »Etwas roh und schwierig« wirke Wuppertal zwar auf den ersten Blick, »aber wenn man genauer hinguckt, will man irgendwann gar nicht mehr weg«. Dieses Statement spricht sicherlich vielen Einheimischen und Wahl-Wuppertalern aus dem Herzen.

Wuppertaler Originale

»Husch-Husch«, »Mina Knallenfalls« und der »Zuckerfritz« – so heißen drei beliebte Wuppertaler Originale. »Wuppertaler Originale« nennt sich auch die 1982 gegründete Gruppe, in der Richard Grüneberg als »Husch-Husch« und Klaus Schulte als »Mina Knallenfalls« in musikalischer Begleitung von Klaus Priez am Akkordeon die hiesige Mundart in Liedern und »Dönekes« pflegen. Lange Zeit verkörperte Michael Overödder den »Zuckerfritz«. Die »Wuppertaler Originale« sorgen heute bei vielen Festen und Feiern, unter anderem regelmäßig auf dem Heckinghauser Bleicherfest, für originelle Auftritte.

»Husch-Husch«, das war ein bekannter Stadtstreicher, der von 1896 bis 1953 in Wuppertal lebte. Mit bürgerlichem Namen hieß er Peter Held. Aber die Kinder riefen immer nur »Husch-Husch« hinter ihm her, wenn er mit seinen abgetragenen Kleidern und dem Schlapphut durch die Straßen lief. Er drohte ihnen kurz mit seinem Spazierstock, dann zog er weiter. Ein Erkennungszeichen des Stadtstreichers war auch der Margarinekarton, den er stets unter seinem Arm trug. Denn für seinen Lebensunterhalt hausierte er mit Wuppertaler Kurzwaren – das brachte ihm meist aber nur Ärger mit der Polizei ein. »Husch-Husch« wurde im Stadtteil Heckinghausen geboren, und hier starb er auch mit 57 Jahren.

Mit Beginn der Industrialisierung, vor etwa 200 Jahren also, wuchs das soziale Elend. »Mina Knallenfalls« ist eine Symbolfigur dieser Zeit. Sie wurde als Romanfigur des Heimatdichters Otto Hausmann berühmt. Er soll für diese Figur seine Großmutter zum Vorbild genommen haben. Mina Knallenfalls, Tochter eines arbeitslosen und alkoholsüchtigen Vaters, wächst als eines von 13 Kindern in sehr ärmlichen Verhältnissen auf. Der spätere Ehemann ist ebenfalls ohne Arbeit und dem Alkohol verfallen. Sie muss viele Kinder großziehen und hart arbeiten. Der Roman schildert den dennoch ungebrochenen Lebenswillen dieser Frau.

Der »Zuckerfritz« lebte von 1830 bis 1906 in Wuppertal. Seinen Spitznamen bekam er, weil er gern Süßigkeiten aß. Er beförderte mit einer Schubkarre das Gepäck der Reisenden vom Bahnhof nach Hause oder erledigte sonstige Kurierdienste. In der Elberfelder Innenstadt steht in der Poststraße beziehungsweise auf dem benachbarten Kerstenplatz ein Denkmal für »Mina Knallenfalls« und für den »Zuckerfritz«. Eines für »Husch-Husch« ist in Planung.

Wuppertaler Originale
Mina Knallenfalls (Mitte), Husch-Husch (rechts) mit Musikant

Dem uralten Handwerk der Bleicher verdankt Wuppertal das Aufblühen seiner Industrie. Um die vergangene Zeit nicht in Vergessenheit geraten zu lassen, gründeten die Langerfelder Bürger um den Heimatdichter und -maler Kurt Kürten 1981 eine historische Bleichergruppe, die »Langerfelder Garnbleicher«. Ihre Mitglieder führen in traditioneller Arbeitskleidung vor, wie die Bleicher seit 1486 ihre Arbeit verrichtet haben. Auf diese Weise erhalten die Zuschauer einen lebendigen Eindruck vom Handwerk der Garnbleicher.

Herzog Johann III. von Cleve, Jülich und Berg, der für seine Geldnot bekannt war, verlieh 1527 gegen Zahlung von 861 Goldgulden den Barmer und Elberfelder Bleichern das Privileg der »Garnnahrung«. Damit hatten diese beiden Städte im Gebiet des Herzogs, das etwa so groß wie Nordrhein-Westfalen war, das begehrte Bleichmonopol. Es sollte bis 1807 bestehen. Durch diese Monopolstellung war die Entwicklung der Textilindustrie und in deren Folge die Entwicklung der Maschinenbau- und Chemieindustrie gesichert. Noch heute sind sie von großer Bedeutung für Wuppertals Wirtschaftsleben.

Karl Tirre
1. Garnmeister

Die Aufgabe der Bleicher war es, die braungraue Farbe des Garns zu entfernen, die während des Spinnvorgangs entstand. Der komplette und sehr komplizierte Vorgang des Bleichens dauerte zwei bis drei Monate. Das Leinengarn (Flachs), später Baumwolle, wurde zunächst in der »Küpe« (einem Kupferkessel) gekocht und danach ausgeschlagen und ausgewrungen. Anschließend fand das »Bäuchen« statt. Dazu wurde das Garn in eine Lauge aus Buchenholzasche eingelegt. Um es zu wenden, zog man das Garn auf Stöcke, und zum Trocknen wurde es schließlich auf der Bleichwiese ausgelegt.

Damit das tagelang in der Sonne liegende Garn weiter ausbleichen konnte, musste es die ganze Zeit über feucht gehalten werden. Hierzu benutzte man die »Güte«, eine schmale und lang gebogene Wasserwurfschaufel aus Holz. Mit ihr wurde das kalkarme Wasser der Wupper, das sich zum Bleichen besonders gut eignete, bis zu 18 Meter weit über das Garn geschleudert. Bis zu zwölfmal wiederholte man das Bäuchen und Bleichen. Dann wurde das Garn »gebläut«, das heißt, es wurde durch blau gefärbtes Wasser gezogen; dadurch erhöhte sich die Leuchtkraft des Garns. Nach der Trocknung konnte das Garn, das während des Verfahrens reichlich an Gewicht verlor, in Ballen verpackt werden. Was für eine

Bleicher
mit Güte an der Wupper

langwierige Arbeit, mag man heute denken. Die um 1840 eingeführte Chlorbleiche verkürzte den gesamten Bleichvorgang erheblich. Um 1900 konnte man auf die beschriebene Rasenbleiche schließlich ganz verzichten.

Dass sich viele Menschen heute noch für die alte Garnbleicherei interessieren, beweisen die zahlreichen Auftritte der Langerfelder Bleichergruppe. Wuppertaler erleben sie regelmäßig bei der Eröffnung des Heckinghauser Bleicherfestes. Aber der Ruf der »Langerfelder Garnbleicher« reicht auch über die Stadtgrenzen hinaus: Sie waren Gast in den Wuppertaler Partnerstädten South Tyneside in England und St. Etienne in Frankreich und hatten mehrmals die Ehre, an der Steuben Parade in New York teilnehmen zu dürfen.

Die Cronenberger Obrahms

Kommunikation im bergischen (Tür-)Rahmen: die **Obrahms**

Ob der biblische Urvater Abraham wohl die Cronenberger Mundart beherrschte? Zumindest leitet sich von ihm der Name »Obrahms« ab. Dieser 1976 in Cronenberg gegründete Verein setzt alles daran, dass das »Cruembreger Platt« nicht ausstirbt. Die zwei Dutzend Mitglieder des Vereins zur Pflege der Mundart treffen sich in regelmäßigen Sitzungen zum »Plattkallen« (Mundart sprechen). Im »Obrahms Gelöfnis«, den elf Geboten der Obrahms, verpflichten sich die Mitglieder, die Fahne der Mundart stets hochzuhalten.

Einen echten Obrahm erkennt man an der zünftigen Kleidung. Die Mitglieder haben den Blauleinen-Anzug der Schleifer als Tracht gewählt: Rotes Halstuch, »huehsiedene Mötsche« (hochseidene Mütze) und »Blotschen« (Holzschuhe) gehören dazu. Inzwischen richtet der Verein auch jährliche Mundartwettbewerbe aus, die oft bis zu 400 Zuhörer anlocken.

Nur wenige Cronenberger sprechen heute noch »Platt«. Um diesem Notstand Abhilfe zu leisten, treffen sich die Obrahms jeden Freitag zum Unterricht – ganz wie in der Schule: Vor der Klasse sitzt der Oberlehrer, der die erwachsenen Schüler eine Stunde lang in »Platt« unterrichtet. Doch die Schüler wollen motiviert werden! Deshalb gibt es für gute Leistungen Fleißkärtchen, ganz wie früher eben.

Straßencafés machen den **Laurentiusplatz** *zum beliebten Treffpunkt.*

Feste und Bräuche

Lichtinszenierung »Blaues Wunder«

Im September 2000 erlebte Wuppertal eine Woche lang sein »Blaues Wunder«. Unter dem Motto »Licht, Musik und Farben in der City« wurde ein spektakuläres Stadtfest gefeiert. Höhepunkt war das dreitägige Silverlight-Festival in der Barmer Innenstadt. Farbenprächtige Illuminationen, raffinierte Lasertechnik gekoppelt mit künstlerischen Spezialeffekten verwandelten die Barmer Fußgängerzone in eine faszinierende Traumwelt aus Licht und Musik.

Auf dem Rathausplatz wurde ein Lichtpalast errichtet, der den Besuchern ein internationales Kulturprogramm bot. Als Kulisse erstrahlte im Hintergrund das Rathaus in blauer Illumination. Der Bronze-Brunnen mit den herausgearbeiteten Reliefs zur Stadtgeschichte von Bert Gerresheim aus dem Jahr 1981 flankierte das Spektakel – er erstrahlte in wechselnden Farben und immer neuem Licht, mitunter lag er wie im Nebel versunken.

Vom Rathausplatz aus spazierten die Besucher durch einen aus 15 Lichtbögen bestehenden Lichterdom den Werth hinauf. Auf dem nahe gelegenen Geschwister-Scholl-Platz thront seit dem 18. Januar 1900 die Statue des Altkanzlers Otto von Bismarck auf einem dreieinhalb Meter hohen Sockel. Immer wieder neu inszenierte Lichteffekte verliehen dem altehrwürdigen Bismarck vor dem ebenfalls erleuchteten Haus der Jugend ein beinahe geisterhaftes Aussehen.

Einen wirkungsvollen Abschluss bildete der in der Nähe der Schwebebahnstation »Werther Brücke« gelegene Kugelbrunnen des in Wuppertal geborenen Bildhauers Friedrich Werthmann. Die aufgesprengten Kugelhälften des Brunnens schillerten in allen nur denkbaren Farben, zeitweise umhüllt von sanften Nebelschwaden.

Lichtermeer *bei der Barmer Stadtillumination: rote Traumkulisse um den Werther Kugelbrunnen, wechselndes Farbenspiel am Stadtbrunnen vor dem Rathaus*

Die beiden Zentren *des groß angelegten Lichterschauspiels: der Geschwister-Scholl-Platz mit Bismarck-Statue und der Rathausplatz mit dem Lichtpalast – Hörgenuss inbegriffen*

Die neue Schwebebahnstation »Kluse« *einmal in ganz anderem Licht: Im Oktober 2001 steht sie im Mittelpunkt der Schwebebahnillumination.*

Schwebebahnillumination »Ab in die Mitte«

Das »Blaue Wunder« im Jahr 2000 hatte einen nachhaltigen Eindruck hinterlassen. Daher hieß es ein Jahr später für die Wuppertaler »Ab in die Mitte«. Unter diesem Motto startete im Oktober 2001 die nächste aufsehenerregende Illuminationsschau: Atemberaubende Lichteffekte machten die Schwebebahnhöfe »Döppersberg«, »Kluse«, »Adlerbrücke« und »Alter Markt« zum Gegenstand ungewöhnlicher und faszinierender Stimmungsbilder. Allein 800 Scheinwerfer waren auf die »Kluse« gerichtet. Die sonst eher nüchterne Architektur verwandelte sich durch das farbenfrohe Spiel in ein prächtiges Kunstwerk: Sie erstrahlte grün, rot, blau und violett in der dunklen Nacht.

Möglich war das neuerliche Spektakel durch die Umbaumaßnahmen an der Schwebebahnstrecke. Die Stadt nutzte eine vierwöchige Pause im Fahrbetrieb der Schwebebahn, um ihren Bewohnern und Gästen ein opulentes Stadtfest mit Musik und vielen künstlerischen Aktionen zu bieten. Die Menschen betrachteten die Lichtwunder immer wieder staunend – dann setzte der Fahrbetrieb der Schwebebahn wieder ein. Die Bilder aber bleiben unvergessen.

Z

Z

GEGRÜNDET
1883

Auch der Schwebebahn-Hauptbahnhof »Döppersberg« (linke Seite) und die neue, orange und blau angestrahlte Station »Adler-Brücke« zählten zu den Attraktionen des farbenfrohen Stadtfestes.

Clown auf dem Vohwinkler Flohmarkt

Stadtteilfeste

Man muss die Feste feiern, wie sie fallen. Einige Termine sollte man sich in Wuppertal allerdings freihalten: Im Mai findet alljährlich das »Luisenfest« statt, im Juni wird in Heckinghausen das »Bleicherfest« gefeiert, und traditionell am letzten Septemberwochenende gibt es den »Vohwinkler Flohmarkt«. Diese drei Stadtteilfeste sind alle mit einem Trödelmarkt verbunden. Die »Werkzeugkiste« in Cronenberg, die dem alten Handwerk der Werkzeugmacher gewidmet ist, findet alle zwei Jahre statt.

Das Luisenfest wird in der gleichnamigen Luisenstraße gefeiert. Längst sind die Cafés, Kneipen und Restaurants, die kleinen Läden dort kein Geheimtipp mehr, denn das Flair dieser Straße ist einzigartig. Unvorstellbar erscheint das Vorhaben gegen Ende der 70er Jahre, weite Bereiche des Luisenviertels abzureißen. Engagierte Bürger konnten dies zum Glück verhindern. Inzwischen ist das Viertel, die heimliche Altstadt Wuppertals, größtenteils denkmalgeschützt. Mit dem Luisenfest feiern die Anwohner und Freunde des Viertels dessen Fortbestand.

Im Juni wird rings um den alten Gaskessel in Heckinghausen das Bleicherfest begangen. Es erinnert an das für Wuppertals wirtschaftliche Entwicklung so bedeutungsvolle Handwerk: die Garnbleicherei. Dementsprechend wird das Fest auch alljährlich mit einer Vorführung der einzigen Wuppertaler Bleichergruppe, den »Langerfelder Garnbleichern«, eröffnet. Anschließend ziehen gut 200.000 Trödelfreunde durch die Straßen Heckinghausens.

Einen noch größeren Andrang an Besuchern erlebt der Vohwinkler Flohmarkt, der jedes Jahr Ende September stattfindet. Er gilt als der größte Tages-Flohmarkt der Welt. Ungefähr 400 Händler bauen hier ihre Stände auf. Der Vohwinkler Flohmarkt wird bereits seit über 30 Jahren veranstaltet und zieht jedes Jahr zwischen 300.000 und 400.000 Besucher an – manchmal sogar noch mehr. Ist es wieder so

weit, wälzen sich die Menschenmengen auf über zwei Kilometer Länge durch die Kaiserstraße und machen Jagd auf Antiquitäten und Raritäten. Wer den Trubel lieber aus der Distanz erleben möchte, der schwebt am besten gemütlich mit der Schwebebahn darüber hinweg und genießt den Ausblick.

Die Cronenberger »Werkzeugkiste« ist ein Straßenfest im Herzen von Cronenberg. Sie wird seit 30 Jahren im Zweijahresrhythmus »aufgemacht«. Cronenberger Werkzeugfirmen bieten Schraubenzieher, Hämmer, Sägen und andere heimische Qualitätsprodukte an. Das Fest verbindet die Freude am Feiern mit einem guten Zweck: Der Erlös der an diesem Tag verkauften Werkzeuge, Getränke und bergischen Spezialitäten geht an die Lebenshilfe e.V. Und wer will, kann sich auch mit den »Obrahms« auf Cronenberger Platt unterhalten.

antik
no.81
CAFE
THALIA

Garderobe

Das Luisenfest
Beliebter Treffpunkt für Freunde und Anwohner der Wuppertaler »Altstadt«

Zum **Bleicherfest** *um den Heckinghauser Gaskessel gehört eine Vorführung des traditionellen Garnbleichens.*

Der Vohwinkler Flohmarkt

Mit der Schwebebahn über den größten Tages-Flohmarkt der Welt

Beyenburg, *tief verwurzelt in seinen religiösen Traditionen: Die Prozession an Christi Himmelfahrt ist überregional bekannt.*

Prozession in Beyenburg, Passionsspiele in Elberfeld

Der Glaube spielt in Wuppertal eine große Rolle. In kaum einer anderen Stadt in Deutschland gibt es so viele verschiedene Kirchengemeinden und Glaubensrichtungen. Nicht wenige haben hier ihren Ursprung genommen. Das religiöse Spektrum der Stadt ist ungewöhnlich vielfältig. Zwei öffentlich veranstaltete religiöse Festumzüge ziehen alljährlich nicht nur einheimische Gläubige und Interessierte an.

In dem Ortsteil Beyenburg wird in der Pfarrgemeinde St. Maria Magdalena bereits seit Jahrhunderten an Christi Himmelfahrt ein Kirchweihfest gefeiert, das schon für das Jahr 1447 belegt ist. Nach dem Hochamt zieht eine feierliche Prozession durch den idyllischen Ort. Bis zu 2.000 Gläubige folgen ihr. Begleitet von kleinen Mädchen mit Blumensträußen tragen die Ministranten den Schrein der heiligen Odilia. Girlanden und Fähnchen schmücken den Prozessionsweg. Er führt über drei Kilometer, vorbei an Kreuzen und Altären, auf Beyenburgs Höhen hinauf. Nach zwei Stunden endet die Prozession wieder in der Kirche. Hier erteilt der Pfarrer den Schlusssegen.

Die Passionsspieler in Elberfeld blicken noch nicht auf eine so lange Tradition zurück. Aber immerhin führt die italienisch-katholische Gemeinde Wuppertals schon seit über 20 Jahren das Leiden Jesu zu Ostern als Passionsspiel auf – wie es in Italien vielerorts üblich ist. Rund 70 Darsteller sind an diesem Umzug beteiligt. Die Kostüme und Requisiten sind allesamt originalgetreu der Römerzeit nachempfunden. Die etwa zweistündige Aufführung des Leidensweges Jesu beginnt am Karfreitag im Deweertschen Garten mit Judas' Verrat. Vorbei an der Laurentiuskirche machen die Passionsspieler und Zuschauer an mehreren Stationen halt, während sie quer durch die Elberfelder Innenstadt ziehen. Schließlich endet der Umzug auf den Hügeln der Hardt mit der Darstellung der Kreuzigung Jesu.

GESÙ NAZARENO
RE DEI GIUDEI

Mit Hingabe führt die italienisch-katholische Gemeinde an Karfreitag **Passionsspiele** *auf, traditionell in Form einer Prozession zur Hardt.*

Museen

Neben Porträts von Johannes Rau, Museumsgründer August von der Heydt und Picassos »Liegendem Frauenakt mit Katze« lohnt im **Von der Heydt-Museum** *auch ein Besuch des Museumscafés.*

Die Stadt Wuppertal kann mit einer Reihe hochrangiger Museen aufwarten. Eines davon ist das renommierte Von der Heydt-Museum. In diesem Haus wurde der erste Picasso ausgestellt, der jemals in einer öffentlichen Institution zu sehen war: »Akrobat und junger Harlekin«. Dies ermöglichte der Elberfelder Bankier August von der Heydt, der das Gemälde im Jahr 1911 erstanden hatte. Das Museum ist nach diesem großen Kunstsammler und Mäzen und seinem Sohn Eduard benannt und gehört heute mit seinen Gemälde- und Kunstsammlungen zu den angesehensten Museen Deutschlands.

Das Von der Heydt-Museum zeigt unter anderem Werke der niederländischen Malerei des 16. und 17. Jahrhunderts, deutsche und französische Malerei von der Romantik bis zum Impressionismus, Kunst der Jahrhundertwende und Meisterwerke des 20. Jahrhunderts. Der besonderen Begeisterung August von der Heydts für den Expressionismus verdankt das Museum bedeutende Werke dieser Kunstepoche.

Die Ausstellungsräume des Museums befinden sich im ehemaligen Elberfelder Rathaus von 1842. Im Jahr 1902 regte August von der Heydt an, den klassizistischen Bau als Museum einzurichten. Bereits vor der Gründung des Museums hatte er in den Räumen regelmäßig Bilder und Skulpturen aus seinem Privatbesitz ausgestellt.

Im Mai 2001 feierte das Museum den 150. Geburtstag des großen Kunstförderers; im Jahr darauf konnten die Kunst- und Museumsliebhaber dem Von der Heydt-Museum zum 100-jährigen Jubiläum gratulieren.

Museumsgründer

Kreisrunde Blickfänge im **Von der Heydt-Museum**: *»Ruth am Tisch« von George Segal und der »Cornwall-Schiefer-Kreis« von Richard Long*

Das Uhrenmuseum Abeler

Mitten in der Elberfelder Fußgängerzone: das **Uhrenmuseum Abeler**

Wer sich fragt, ob in Wuppertal die Uhren vielleicht anders gehen – oder zu früheren Zeiten einmal anders gingen –, sollte dem Uhrenmuseum Abeler einen Besuch abstatten. Das Museum, das es seit 1958 gibt, ist aus einer privaten Sammlung der alteingesessenen Goldschmiede- und Uhrmacherfamilie Abeler hervorgegangen. Diese Wuppertaler Familie hat sich seit 1831 über viele Generationen hinweg dem Uhrmacherhandwerk gewidmet. In der Poststraße 11 in Elberfeld kann sich der Besucher über die 5.000-jährige Geschichte der Zeitmessung informieren.

Die 37 Bronze-Glocken des sechs Meter hohen Glockenturms an der Außenfassade des Museums lassen seit 50 Jahren Deutschlands ältestes privates Glockenspiel erklingen. Es läutet täglich um 10:00, 12:00, 16:00 und 18:00 Uhr. Während des Glockenspiels treten skurrile Gestalten um den Glockenturm herum auf: so zum Beispiel der Sensenmann, der die volle Stunde abschneidet. Ebenfalls an der Außenfassade beeindruckt eine weltweit einzigartige »Dreiräderuhr« die Besucher. Sie stammt von dem Uhrenmacher Georg Abeler, dem Museumsgründer persönlich.

In den Kellerräumen des heutigen Uhren- und Schmuckgeschäfts von Jürgen Abeler sind etwa 2.000 Zeitmessgeräte aus aller Welt ausgestellt: von der Wasseruhr der alten Ägypter über Sonnen- und Sanduhren sowie kuriose Stücke wie die chinesische Tempelfeueruhr bis hin zu hochmodernen Chronometern. Nicht nur für Technikfreaks und Sammler kann der Besuch des Museums zu einer einzigartigen Reise durch die Zeit werden.

Das Fuhlrott-Museum

Zeitzeugen
Die Turmuhr im Uhrenmuseum Abeler ist 400 Jahre alt. Der Riesenammonit zählt 75 Millionen Jahre, die chinesische Saurierart 125 Millionen Jahre, beides im Fuhlrott-Museum.

Das 1967 eröffnete Fuhlrott-Museum ist nach dem Entdecker des Neandertalers, Johann Carl Fuhlrott, benannt. Der in Leinefelde geborene Naturwissenschaftler war ab 1830 Lehrer an der Realschule in Elberfeld, wo er später Schulprofessor wurde. Während dieser Zeit hat er auch das Skelett des ersten Neandertalers geborgen. Er starb 1877 in Elberfeld.

Das Museum widmet sich der Naturkunde und verschiedenen Themen des Umweltschutzes. Es beschäftigt sich insbesondere mit der Natur und der Naturgeschichte des Bergischen Landes. Tierpräparate, Fossilien und Mineralien kann man hier ebenso bestaunen wie lebensecht wirkende Dinosaurier. Durch sein breit gefächertes Angebot (Publikumslabor, Kinder-Kino, Bio- und Fossil-Sprechstunden) ist das Fuhlrott-Museum bei naturwissenschaftlich interessierten Laien ebenso wie bei sachkundigen Besuchern beliebt. Nach dem Von der Heydt-Museum zählt es die meisten Besucher.

Das Völkerkundemuseum ist eng mit der Arbeit der Vereinten Evangelischen Mission verbunden. Sie ist ein Zusammenschluss verschiedener Missionsgesellschaften, von denen die Rheinische Missionsgesellschaft eine der ältesten in Deutschland war. Seit 1828 hatte sie auf der Hardt ihre Zentrale. Heute befindet sich dort das Völkerkundemuseum.

Schon früh hatten die Missionare aus ihren Arbeitsgebieten Kult- und Gebrauchsgegenstände nach Deutschland gebracht. Sie sollten das Interesse an fremden Völkern und Kulturen wecken. Masken und Skulpturen, Waffen und Schmuck, aber auch Musikinstrumente sind hier aus Afrika und Asien zusammengetragen worden. Manches einzelne Stück gibt es heute nicht einmal mehr in dem jeweiligen Herkunftsland zu sehen. Sonderausstellungen und kulturelle Veranstaltungen ergänzen das Museumsprogramm.

In Wuppertal kommen Bahnfreunde nicht nur wegen der Schwebebahn auf ihre Kosten: Die bergische Metropole ist die Stadt mit dem kleinsten Straßenbahnbetrieb Deutschlands!

Bis 1987 gab es ein größeres Straßenbahnnetz in Wuppertal. Doch der wachsende Autoverkehr hat die Schienenfahrzeuge auf ebener Erde immer mehr verdrängt. Deshalb wurde der Straßenbahnbetrieb zum Bedauern vieler Wuppertaler schließlich ganz eingestellt. Dem 1969 gegründeten Verein »Bergische Museumsbahnen e.V.« ist es zu verdanken, dass ihnen ein Stück der Straßenbahn-Romantik erhalten blieb.

Das Straßenbahnmuseum Kohlfurth präsentiert 30 alte Straßenbahnwagen – der älteste stammt aus dem Jahr 1894 – und unterhält einen eigenen Fahrbetrieb, der von ehrenamtlichen Straßenbahnern betreut wird. Bei einem Ausflug mit der Museumsbahn legt man eine 3,2 Kilometer lange Schienenstrecke mitten durch den Wald zwischen »Kohlfurther Brücke« und »Greuel« zurück. Dieser schöne Streckenabschnitt der früheren Straßenbahnlinie 5 wird als Einziger noch heute befahren. Von Frühjahr bis Herbst sind hier die historischen Wagen auf großer Fahrt – und zwar an jedem zweiten und vierten Sonntag des Monats.

Straßenbahn-Romantik *pur: mit der Museumsbahn durch den Wald des Kaltenbachtals*

Friedrich Engels und das Engelshaus

»Ein Gespenst geht um in Europa – das Gespenst des Kommunismus«, so lautet der erste Satz des »Kommunistischen Manifests« von 1848. Als Friedrich Engels 1820 in Barmen als Sohn eines Textilfabrikanten geboren wurde, konnte noch niemand ahnen, dass er später einmal als Weggefährte von Karl Marx, als »Kommunist«, weltweit Berühmtheit erlangen sollte. Das Engelshaus in Wuppertal-Barmen dokumentiert seit 1970 in einer ständigen Ausstellung den Lebensweg des berühmtesten Sohnes der Stadt.

Im Tal der Wupper hatte die Industrialisierung, die sich Ende des 18. Jahrhunderts von England ausgehend auf dem Kontinent ausbreitete, schon sehr früh begonnen. Friedrich Engels erhielt auf Wunsch seines Vaters eine kaufmännische Ausbildung in Barmen, Bremen und Manchester. Doch gerade als Spross einer wohlhabenden Unternehmerfamilie kam er auch mit den Schattenseiten des Industriezeitalters in Berührung. Zum Unbehagen seiner Umgebung interessierte sich der junge Friedrich Engels von Beginn an für die gesellschaftlichen Auswirkungen, die die rasante wirtschaftliche Entwicklung mit sich brachte. Bereits in den »Briefen aus dem Wuppertal«, die Engels als 19-Jähriger noch unter Pseudonym verfasste, wurde seine kritische Sicht der Dinge deutlich.

Während er 1842–1844 im väterlichen Betrieb in Manchester die Lebensbedingungen der englischen Arbeiter eingehend studieren konnte, entstand sein berühmtes Werk »Die Lage der arbeitenden Klasse in England« (1845). Seit seiner Rückkehr arbeitete er eng mit dem 1818 in Trier geborenen und ebenfalls publizistisch tätigen Karl Marx zusammen – unter anderem in der Redaktion der Neuen Rheinischen Zeitung in Köln. Er wurde sein Mitstreiter und unterstützte Marx bis zu dessen Tod 1883 auch finanziell.

Arbeiter in Ketten: Skulptur vor dem Engelshaus

Mit der Industrialisierung war eine tiefgreifende gesellschaftliche Veränderung einhergegangen. Die Masse der sozial und rechtlich nicht abgesicherten Industriearbeiter musste meist ein Leben in großer Not führen. Diese Missstände der damaligen Zeit sind besonders scharf und weitreichend von Marx und Engels angeprangert worden. Sie verbanden ihre Kritik mit der von ihnen entwickelten Lehre vom notwendigen Klassenkampf zwischen »Kapitalisten« und »Proletariern«, der zwangsläufig zu einer klassenlosen, kommunistischen Gesellschaft führen werde.

1847 traten Marx und Engels in den »Bund der Kommunisten« ein und verfassten als dessen Programmschrift gemeinsam das berühmte »Manifest der Kommunistischen Partei«. Darin wie auch in dem 20 Jahre später veröffentlichten Werk von Karl

Die beiden sehenswerten Etagen im schieferverkleideten **Engelshaus** *spiegeln den Geist des Bürgertums wider.*

Marx »Das Kapital« sind die wichtigsten Punkte ihrer Lehre festgehalten. Neben der Bibel gehören ihre Schriften zu den bekanntesten und am häufigsten gelesenen Werken auf der Welt – auch wenn sich ihre radikale Zukunftsprognose nicht bewahrheitet hat. Engels, dessen Leben wie das von Marx von Verfolgung und Emigration gekennzeichnet war, starb fern seiner Heimatstadt Barmen 1895 in London.

Das Engelshaus in Wuppertal ist ein Zeitdokument der damaligen Wohnkultur: Es wurde bereits im Jahr 1775 im typisch bergischen Stil als Wohnhaus für die Familie des Textilunternehmers Johann Caspar Engels (gestorben 1787) errichtet. Das Interieur strahlt die bürgerliche Wohnatmosphäre der Fabrikantenfamilie aus. Die Stadt Wuppertal kaufte das Haus 1962. Friedrich Engels selbst wurde 100 Meter weiter in einem Nachbarhaus geboren, das 1943 bei einem Bombenangriff zerstört wurde.

Vor dem Engelshaus steht eine über drei Meter hohe Skulptur aus weißem Marmor, die der bekannte Wiener Bildhauer Alfred Hrdlicka 1981 geschaffen hat. Sie nimmt Bezug auf die viel zitierten Schlusssätze des »Kommunistischen Manifests«, in denen es heißt, die Arbeiter hätten bei dem Aufruf »Proletarier aller Länder, vereinigt euch!« nichts zu verlieren als ihre Ketten.

Selfactor-Spinnmaschine, England 1903

Das Museum für Frühindustrialisierung

Auf dem ehemaligen Grundstück der Fabrikantenfamilie Engels befindet sich heute das Museum für Frühindustrialisierung (1983 eröffnet), das zusammen mit dem Engelshaus Bestandteil des »Historischen Zentrums« ist. Das Museum, das in einer ehemaligen Fabrik von 1880 untergebracht ist, zeichnet vor allem das Aufkommen und die Entwicklung der Industrie im Wuppertaler Raum in den Jahren 1750 bis 1850 detailliert nach. In dieser Zeit avancierte dieser Standort schließlich zu einer der führenden Wirtschaftsregionen in Deutschland.

Das Museum zeigt, mit welchen Maschinen und Geräten und unter welchen Bedingungen die Menschen in der damaligen Zeit gearbeitet haben: Alte Spinnmaschinen und Bandwebstühle gibt es ebenso zu sehen wie die ersten Fabrikstechuhren. Das Museum vermittelt dem Besucher anschaulich, welche technischen Veränderungen sich damals vollzogen haben – mit der Industrialisierung war eine neue Zeit angebrochen.

Die rasche wirtschaftliche Entwicklung führte zu einer großen Zuwanderung und einem rasanten Wachstum der Städte. Im Tal der Wupper vergrößerten sie sich in der ersten Hälfte des 19. Jahrhunderts um das Fünffache. Daraus resultierte eine ganze Reihe schwerwiegender sozialer Probleme, für die man erst allmählich Lösungsansätze entwickelte. Wohnungsnot, niedriger Lohn, lange Arbeitszeiten, Frauen- und Kinderarbeit, Krankheiten und rechtliche Unsicherheit bestimmten häufig das Leben der zahlreichen Industriearbeiter. Auch diese Seite des wirtschaftlichen Aufbruchs dokumentiert das Museum für Frühindustrialisierung auf eindrucksvolle Weise. Ein Besuch des Museums ermöglicht dem Besucher einen umfassenden Einblick sowohl in die damaligen Arbeitsverhältnisse als auch in die Lebensbedingungen jener Zeit.

Handwerk und Industrie

Garnbleicherei und Textilverarbeitung

Das Zeitalter der Industrialisierung wurde mit der Erfindung der ersten modernen Maschinen in England eingeläutet: beispielsweise mit der ersten Spinnmaschine 1767, der berühmten Dampfmaschine von James Watt 1769 und 1785 mit dem ersten mechanischen Webstuhl. Neu war zu dieser Zeit ebenfalls, dass Steinkohle anstelle von Holzkohle zur Eisen- und Stahlverarbeitung verwendet werden konnte. Und nicht zuletzt beschleunigte 1830 die Inbetriebnahme der ersten Eisenbahn den Fortschritt nachhaltig. Spätestens ab 1850 griff die industrielle Revolution auch auf Deutschland über.

Vor diesem Hintergrund ist es umso bemerkenswerter, dass die industrielle Entwicklung im Tal der Wupper derart früh einsetzte und diese Gegend bereits ab 1780 zu den führenden Industriegebieten gehörte. Voraussetzung dafür war die lange Tradition des Bleichergewerbes, gestärkt durch das Garnprivileg von 1527. Denn das gebleichte Garn wurde nicht nur exportiert, sondern auch an Ort und Stelle zu Bändern, Spitzen und Litzen weiterverarbeitet. So kam das Weben und Flechten auf sowie das Färben als Veredlung. Wurde zunächst in Heimarbeit an Spinnrad und Handwebstuhl gesponnen und gewebt, ersetzten im Industriezeitalter die entsprechenden Maschinen die Handarbeit. Die ersten Maschinen kamen im Tal der Wupper in der zweiten Hälfte des 18. Jahrhunderts zum Einsatz. Mit der Verdrängung des Leinengarns durch die Baumwolle entstanden die ersten Fabriken.

Bleicherdenkmal am Wupperfelder Markt

Die Industrialisierung schritt unaufhaltsam und in ungeheurem Maße voran. Immer mehr Menschen siedelten sich in der Gegend an. Um 1850 war Elberfeld die zweitgrößte Stadt Westdeutschlands. Die Textilverarbeitung brachte weitere Entwicklungen in Gang: Zum Bleichen und Färben wurden allmählich künstliche Bleich- und Farbstoffe eingesetzt, die die Prozeduren verkürzten. Welchen Aufschwung dadurch wiederum die chemische Industrie nahm, zeigt nicht zuletzt die Gründung der Bayer-Werke 1863 in Elberfeld.

Das alte Bleicherhaus Kikuth, in der »Öhde« gelegen

In der **»Bandweberei Frauke Kafka«** *kontrolliert Bandwirkermeister Heinz Ulrich die alten Webstühle. Auf ihnen entstehen heute noch facettenreiche Bandmuster.*

Die Bandweberei

»Barmer Artikel« – so nannte man früher die Erzeugnisse der Wuppertaler Bandweberei, und sie waren auf der ganzen Welt ein Begriff. Die Bänder, Gurte, Kordeln kamen aber nicht nur aus Barmen. Auch in Langerfeld wurde fleißig gewebt. Dort gab es in fast jeder Familie einen Bandweber. In Ronsdorf waren die Spezialisten für Hut- und Besatzbänder angesiedelt. Daher verwundert es auch nicht, dass in diesem Ort die erste Fachschule für Bandweberei gegründet wurde.

Noch heute, wo Billig-Produktionen aus aller Welt der hiesigen Textilbranche Konkurrenz machen, gibt es in Wuppertal um die 90 Bandwebereien. Hier wird zum Teil sogar noch mit alten Webstühlen gearbeitet, von denen nicht wenige seit über hundert Jahren in Betrieb sind. Qualität und Herstellung vor Ort sind gefragt.

Die Bandweberei im Bergischen Land entstand im 17. Jahrhundert. Mit der beginnenden Industrialisierung wurde der Handwebstuhl durch den mechanischen Webstuhl und den 1805 von dem Franzosen Jacquard erfundenen Musterwebstuhl ersetzt. In Wuppertal werden bis heute zwei grundlegende Techniken angewendet: die Schafttechnik und die Jacquard-Technik. Bei der Schaftweberei, mit der man eher einfache Bänder herstellt, werden zur gleichen Zeit mehrere Kettfäden gehoben und gesenkt. Bei der Jacquard-Technik dagegen werden die einzelnen Fäden unabhängig voneinander bewegt, sodass auch aufwendigere Muster entstehen können. Die moderne Bandweberei setzt unter anderem Techniken ein, die sich für Stoffe zur Fahrzeugauskleidung bewährt haben.

Eine Bandweberei der alten Art ist die »Bandweberei Frauke Kafka« in Wuppertal-Langerfeld, Beyeröhde 14. Der denkmalgeschützte Betrieb arbeitet ausschließlich mit 27 etwa 50 bis 100 Jahre alten Jacquard-Webstühlen, allesamt funktionstüchtig. Ungefähr 400 verschiedene Bänder werden von hier in die ganze Welt exportiert. Führungen und Workshops geben den Besuchern einen authentischen Einblick in die Bandweberei. Es ist zu hoffen, dass sich solche traditionsreichen Arbeitsstätten auch in Zukunft behaupten können.

Wuppertal im Grünen

An der alten Hofschaft Huckenbach (unten links) beginnt das Gelpetal. Ein Wanderweg führt zum Käshammer, der sich im Wasser spiegelt.

Cronenberger Werkzeug, Hämmer und Kotten

Die meisten Profi- und viele Hobby-Handwerker kennen Werkzeuge aus Cronenberg, denn sie sind für ihre Qualität bekannt. Der Ortsteil Cronenberg, in dem sich noch heute alteingesessene Werkzeugfirmen befinden, ist der älteste Stadtteil Wuppertals. Erstmals urkundlich erwähnt ist er um 1050 – im Jahr 2000 feierte er sein 950-jähriges Bestehen.

Cronenberg darf sich zu Recht als Werkzeugstadt bezeichnen. Schließlich hat sich der Ort nicht nur durch seine Kleineisenindustrie einen Namen gemacht, sondern war schon in früheren Zeiten die Heimat der Sichel- und Sensenschmiede: 1250 verzeichnete die Zollrolle der Hanse in Lübeck eine Sense aus Cronenberg. Einen Meilenstein in der langen Geschichte des Handwerks markiert die Verleihung des so genannten Sensenprivilegs im Jahr 1600 durch Herzog Johann Wilhelm I., das die Zunftsatzung der hier ansässigen Schmiede neu regelte.

Seit dem 15. Jahrhundert wurden die Produkte des Cronenberger Schmiedehandwerks in Europa vertrieben, zuerst waren es landwirtschaftliche Geräte, beispielsweise Sicheln und Sensen, später kamen auch Werkzeuge wie Sägen und Feilen hinzu. Zur Blütezeit des bergischen Eisengewerbes, von 1750 bis 1800, gelangten die Erzeugnisse sogar bis nach Übersee.

Im Raum Cronenberg und Ronsdorf befanden sich an den Wasserläufen zahlreiche Werkstätten. Wasser war eine wichtige Voraussetzung für das Eisengewerbe: Seit dem 17. Jahrhundert trieben Wasserräder die Hämmer und Schleifsteine an. Aus diesen Werkstätten entwickelten sich zum Teil kleine Fabriken, die »Kotten«, meist kleine, einfache Fachwerkhäuser.

Verwunschen liegt der **Manuelskotten** *hinter seinem Stauteich. Schleifer Dirk Fromm hat hier seinen Arbeitsplatz. Hammer und Wasserrad sind Teil des Steffenshammers.*

Der »Manuelskotten« im Kaltenbachtal, der 1755 erbaut wurde, ist der letzte noch betriebene Schleifkotten auf Wuppertaler Gebiet. Einst arbeiteten hier bis zu 28 Mann. Heute werden in diesem lebendigem Denkmal der Industriegeschichte von einem gelernten Schleifer vorwiegend Cuttermesser hergestellt

Wer wissen möchte, wie in der Zeit der Frühindustrialisierung Werkzeug geschmiedet und geschliffen wurde, dem sei eine Wanderung durch das 4,4 Kilometer lange romantische Gelpetal empfohlen, das sich von Wuppertal bis Remscheid erstreckt. Hier wie auch in den Tälern von Saalbach und Morsbach gab es 25 »Hämmer«, wie die Hammerwerke auch genannt werden, und Kotten, von denen einige bis ins 20. Jahrhundert in Betrieb waren. Der »Büngershammer« wurde 1973 als letzter stillgelegt. Die meisten Hämmer sind leider größtenteils verfallen; Informationstafeln helfen den Besuchern, eine Vorstellung davon zu gewinnen, wie es früher einmal ausgesehen haben mag.

Im 1748 errichteten »Steffenshammer« ist heute noch der einzig erhalten gebliebene, fast zwei Meter lange Hammer zu bestaunen. Der »Steffenshammer« befindet sich unmittelbar an der Stadtgrenze Wuppertals auf Remscheider Gebiet und ist dem dortigen Werkzeugmuseum angegliedert. Für den Wanderer endet hier das reizvolle Gelpetal mit seinen zahlreichen Teichen und Wasserläufen.

Sachsenröder

Die Erfindung des »Aspirin« in Elberfeld

Die Schwebebahn und so manche alte Industrieanlage prägen noch heute das **Bild an der Wupper**.

»Aspirin – das meistverkaufte Schmerzmittel der Welt«, so lautet ein altbekannter Werbeslogan. Die wenigsten Menschen aber wissen, dass Aspirin, das Wundermittel mit dem Wirkstoff ASS (Acetylsalicylsäure), vor über 100 Jahren in Elberfeld erfunden wurde. Bereits 1863 rief der in Barmen geborene Friedrich Bayer (1825–1880) unter dem Namen »Friedrich Bayer und Co.« die heutigen Bayer-Werke in Elberfeld ins Leben.

Der junge Bayer-Chemiker Felix Hoffmann stellte 1896 erstmals synthetisch Acetylsalicylsäure her. Sie sollte als Ersatz für die schon von alten Hochkulturen zur Schmerzbekämpfung verwendete und aus Pflanzen gewonnene Salicylsäure dienen. Vielversprechende Versuche mit dem neuen Wirkstoff veranlassten die Firmenleitung von »Friedrich Bayer und Co.«, ihn in die Produktion aufzunehmen. Am 6. März 1899 wurde er unter dem Handelsnamen »Aspirin« als Warenzeichen beim Kaiserlichen Patentamt in Berlin eingetragen. Noch im gleichen Jahr begann im Bayer-Werk in Wuppertal-Elberfeld die erste Produktion von Aspirin, das damals noch als Pulver in Flaschen abgefüllt wurde.

Seitdem sind mehr als 100 Jahre vergangen. Aspirin, das »Jahrhundert-Pharmakon«, brach weltweit alle Rekorde. Sein anhaltender Erfolg ist in der Medizin- und Arzneimittelgeschichte einzigartig. Die genaue Produktionsmenge des seit 1899 bis heute in über 70 Ländern vertriebenen Schmerzmittels kann man selbst bei Bayer nicht mehr präzise feststellen. Fest steht, dass kein anderes Medikament auf der ganzen Welt in so großen Mengen hergestellt und verbraucht wird. Jahr für Jahr sind es etwa 50.000 Tonnen! Der Bayer-Konzern produziert derzeit allein in seinem neuen deutschen Werk Bitterfeld jährlich etwa 3,5 Milliarden Aspirin-Tabletten.

Die Namen Bayer und Aspirin sind untrennbar miteinander verbunden. Das Medikament ist zudem der größte Umsatzfaktor des Unternehmens. Dabei ist es längst nicht mehr nur ein Hausmittel, das bei Schmerzen, Fieber und Erkältung eingenommen wird. Aspirin wird schon längere Zeit erfolgreich zur Vorbeugung von Gefäßthrombosen im Zusammenhang mit Herzinfarkt und Schlaganfall empfohlen, und es gewinnt auch zunehmend in der Krebsprophylaxe an Bedeutung. Etwa alle zweieinhalb Stunden erscheint eine neue wissenschaftliche Publikation über Aspirin, sodass ein Ende der Erfolgsstory noch lange nicht in Sicht ist.

Der Wuppertaler Zoo

Die »Zoogaststätten«, *das repräsentative Entree des Wuppertaler Zoos*

120-jähriges Jubiläum

Gehen Sie doch mal wieder in den Zoo! Der Wuppertaler Zoo gilt mit seinem 20 Hektar großen, terrassenförmig angelegten Park und dem alten Baumbestand als einer der landschaftlich schönsten der Welt. Gleichzeitig ist er einer der ältesten und traditionsreichsten in Deutschland. Am 8. September 2001 feierte er seinen 120. Geburtstag. Hervorgegangen ist er aus einer Bürgerinitiative, gegründet wurde er von der Aktiengesellschaft »Zoologischer Tiergarten« 1881 in Elberfeld. In den 30er Jahren des 20. Jahrhunderts ging er dann in städtischen Besitz über. Über 5.000 Tiere und rund 500 Tierarten sind im Wuppertaler Zoo zu Hause: von Reptilien, Fischen und Vögeln bis hin zu Menschenaffen, Großkatzen und Elefanten.

Highlights des Zoos

Beliebter Anlaufpunkt der Besucher im Zoo ist das zentral gelegene Seelöwenbecken. Es ist das Reich des stattlichen kalifornischen Seelöwens Pepe, der hier seit über zehn Jahren mit seinen drei Weibchen zu Hause ist. Die Wuppertaler Seelöwenfamilie zählt zu den besten Zuchtgruppen ihrer Art in deutschen Zoos: Pepe ist bereits 30facher Vater!

Unmittelbar in der Nähe des Seelöwenbeckens befindet sich die im Jahr 1991 umgebaute und wesentlich vergrößerte Eisbärenanlage. Hier kann man die Eisbären nicht nur über, sondern auch unter Wasser beobachten. Das mit einer großen Glasfront ausgestattete Bassin ermöglicht dem Besucher, einem tauchenden Eisbären Auge in Auge gegenüberzustehen.

International gelobt wird der 1995 eröffnete Neubau der Elefantenanlage. Auf circa 4.000 Quadratmetern Fläche leben sechs afrikanische Elefanten. Im Elefantenhaus kann das Publikum den Elefanten zu bestimmten Zeiten zusehen, wie sie gewogen werden und anschließend baden dürfen.

Das große Menschenaffenhaus beherbergt Gorillas, Orang-Utans und Schimpansen. Die vielen anderen Affenarten leben in einem separaten Gebäude. Im Sommer 2000 nahmen die Wuppertaler an dem tragischen Schicksal des Klammeraffenbabys Anja Anteil, das von seiner Mutter verstoßen wurde. Monatelang zogen es menschliche Ersatzeltern liebevoll auf. Und Anja avancierte in dieser Zeit nicht nur zum absoluten Zooliebling, sondern auch zum Fernsehstar.

Im Wuppertaler Zoo leben Tiere aller Kontinente. Die weitläufige Anlage des Zoos lädt jeden Besucher ein, sein ganz persönliches Highlight zu entdecken – zum Beispiel die Kolibri-Freiflughalle, in der man über 50 Vögel in einem kleinen nachgebildeten Regenwald hautnah erleben kann.

Aufgaben des Zoos

Der Wuppertaler Zoo hat sich auch als bedeutende Forschungseinrichtung, insbesondere in der Verhaltensforschung, einen Namen gemacht. Ein Hauptanliegen ist die Rettung bedrohter Tierarten. Deshalb wurde eigens ein Zentrum für die Erhaltung und Erforschung vom Aussterben bedrohter Tierarten eingerichtet. So konnten Tiere, die in freier Wildbahn längst nicht mehr existierten, vor der Ausrottung bewahrt und zum Teil sogar wieder in ihre natürlichen Lebensräume »ausgebürgert« werden, wie es in der Fachsprache heißt. Der Wuppertaler Zoo ist an über 30 internationalen Erhaltungszuchtprogrammen beteiligt, die ihm weltweit Renommee verschafft haben.

Die Zoo-Schule versucht, bei jüngeren Besuchern das notwendige Verständnis für Natur- und Tierschutz zu wecken. In den Sommermonaten gibt es außerdem spezielle Zooführungen sowie zahlreiche Konzerte und Kinderfeste.

Begegnungen *zwischen Mensch und Tier: mit großen Tieren auf »Du und Du«*

Winterimpressionen

Wuppertal legt sich im **Winter** *mitunter ein Schneekleid zu. Heimelig wirkt der abendliche Blick auf die Elberfelder Nordstadt.*

Weihnachtsstimmung **»Am Wall«**, *im Hintergrund der Turm des Elberfelder Verwaltungshauses*

Glanzvoll: Weihnachtsmarkt in **Schloss Lüntenbeck**

Lichterglanz und Weihnachtsmärkte

Festliche Barockmusik verleiht dem Weihnachtsmarkt im Schlosshof von Schloss Lüntenbeck einen feierlichen Rahmen. Seit über 25 Jahren findet hier am zweiten und dritten Adventswochenende dieser ganz besondere Markt statt. Das Schloss mit seinem stattlichen Herrenhaus und dem pittoresken Mühlenturm wurde Ende des 17. Jahrhunderts errichtet. Den Schlosshof flankieren weitere historische Gebäude. Vor dieser Kulisse werden an mehr als 100 Ständen Kunsthandwerk und kulinarische Leckerbissen angeboten. Für Tausende ist der Weihnachtsmarkt in Schloss Lüntenbeck längst ein fester Bestandteil der weihnachtlichen Vorfreude.

Natürlich gibt es auch in den Innenstadtbereichen von Elberfeld und Barmen alljährlich Weihnachtsmärkte. Besonders erwähnt sei hier der traditionsreiche Barmer Weihnachtsmarkt, der von der Interessengemeinschaft der Wuppertaler Schausteller und Marktkaufleute veranstaltet wird. Vom ersten Advent bis Weihnachten verbreitet die weihnachtliche Budenstadt auf dem Rathausvorplatz den Duft von Glühwein und gebrannten Mandeln. Wuppertals wichtigste Einkaufsstraßen sind vorweihnachtlich geschmückt, und auch viele Privathäuser und Vorgärten ziert aufwendiger Lichterschmuck.

FOTO
Frohes Fest
Kandierte Früchte
Gebrannte Mandeln

Zum **Weihnachtsmarkt in Barmen** *gehört neben dem Weihnachtsmann auch der nostalgische Wagen des Wuppertaler Schaustellers Horst Fuhrmann.*

Winteridyll Untenrohleder

Haus Nr. 2 trägt die Inschrift: »Christlich leben selig sterben ist das Beste das wir erben. Peter Rohleder Elisabeth Eheleut. Anno 1686 den 11 Augustus.«

Jahresausklang

Wuppertal ist besonders gegen Ende des Jahres etwas für Romantiker. Abseits der Innenstädte laden Wald und Flur zu winterlichen Spaziergängen rund um Wuppertal ein. Hier entdeckt man immer wieder einsam gelegene, zum Teil recht alte Häuser. Wenn sie von Schnee bedeckt sind, geben sie ein besonders reizvolles Idyll ab. Fällt der Winter sehr schneereich aus, kann man auf den Höhen sogar Ski fahren.

Zu Silvester entsteht ein einzigartiges Panorama: Die vielen das Tal umspannenden Hanglagen geben den Blick auf das prächtige Feuerwerk frei, das die gesamte lang gestreckte Tal-Achse der Stadt erhellt. Prosit Neujahr, Wuppertal!

Nachwort

Allen sei gedankt, die bei der Entstehung des Buches Anregungen, Tipps und Informationen gegeben und Fotoaufnahmen ermöglicht oder erlaubt haben. Ein besonderer Dank geht an Pina Bausch für die Auswahl meiner Fotos über das »Tanztheater Wuppertal«.

Jürgen Schug

Jürgen Schug,

geboren in Wuppertal, ist freier Bildjournalist und befasst sich in seiner Fotografie vor allem mit Menschen. Veröffentlichungen in Zeitschriften, Magazinen und Büchern. Eigene Ausstellungen und Bildbände.

I
NICHTRAUCHER